中国对共建

"一带一路"国家直接投资

与双边经济增长的关系研究

姜 慧◎著

ZHONGGUO DUI GONGJIAN

"YIDAI YILU" GUOJIA ZHIJIE TOUZI

YU SHUANGBIAN JINGJI ZENGZHANG DE GUANXI YANJIU

中国财经出版传媒集团

经济科学出版社

Economic Science Press

·北京·

图书在版编目（CIP）数据

中国对共建"一带一路"国家直接投资与双边经济增长的关系研究 / 姜慧著 . -- 北京 ： 经济科学出版社，2024. 6. -- ISBN 978 - 7 - 5218 - 6048 - 1

Ⅰ. F832. 6

中国国家版本馆 CIP 数据核字第 2024P5J457 号

责任编辑：李　林
责任校对：王肖楠
责任印制：范　艳

中国对共建"一带一路"国家直接投资
与双边经济增长的关系研究

姜　慧　著

经济科学出版社出版、发行　新华书店经销
社址：北京市海淀区阜成路甲 28 号　邮编：100142
总编部电话：010 - 88191217　发行部电话：010 - 88191522
网址：www. esp. com. cn
电子邮箱：esp@ esp. com. cn
天猫网店：经济科学出版社旗舰店
网址：http: //jjkxcbs. tmall. com
北京季蜂印刷有限公司印装
710 × 1000　16 开　13.75 印张　198000 字
2024 年 6 月第 1 版　2024 年 6 月第 1 次印刷
ISBN 978 - 7 - 5218 - 6048 - 1　定价：82.00 元
（图书出现印装问题，本社负责调换。电话：010 - 88191545）
（版权所有　侵权必究　打击盗版　举报热线：010 - 88191661
QQ：2242791300　营销中心电话：010 - 88191537
电子邮箱：dbts@ esp. com. cn）

前　　言

自 2013 年中国提出"一带一路"倡议以来，中国与共建"一带一路"国家的经济合作取得了巨大的成效。2023 年是"一带一路"倡议提出 10 周年，自倡议提出以来，中国与共建"一带一路"国家加强沟通与合作，为世界经济增长注入了新的动能，为国际合作打造了新平台。

随着中国与共建"一带一路"国家各方面的联系愈加紧密，"一带一路"倡议也引起了世界各国的密切关注。截至 2023 年初，中国已经与 150 多个国家、30 多个国际组织签署共建"一带一路"合作文件，成立了 20 多个专业领域多边合作平台。① 世界多数国家尤其是共建"一带一路"国家对"一带一路"倡议和来自中国的贸易、投资等经济活动表现出了高度的热情，但也有少数区域外国家质疑中国"一带一路"倡议的动机。

中国对共建"一带一路"国家的直接投资活动为其经济发展提供了一定动力，实现中国与共建"一带一路"国家的共同发展，是中国提出"一带一路"倡议的目标。"一带一路"涉及国家众多，覆盖区域广，各国发展不一，情况较为复杂，中国直接投资活动面临着一定的风险，中国直接投资究竟是否能够给双边尤其是东道国带来经济增长，绝不仅仅是投资额多少能起到决定性作用的，还有许多其他因素影响着中

---

① 《第三届"一带一路"国际合作高峰论坛主席声明》。

国对共建"一带一路"国家直接投资对双边经济增长的促进作用。为了全面体现在"一带一路"背景下不同要素对中国直接投资与双边经济增长关系中的调节作用，本书在参考了大量文献的基础上，选择了东道国制度、双边文化交流、东道国基础设施建设和东道国生态环境几个变量，在检验中国对共建"一带一路"国家直接投资与双边经济增长的关系之外，重点从不同层面考察这几个变量在"一带一路"背景下，对中国直接投资与双边经济增长关系的调节作用，同时表明"一带一路"倡议不是一个"空口号"，而是会给共建"一带一路"沿线国家带来实实在在的利益，为日后中国对共建"一带一路"国家直接投资的区域选择和投资项目的合作提供相应参考。

目　　录

第1章

概　　述

1.1 研究背景与研究意义

1.1.1 研究背景

自"一带一路"倡议提出以来，中国对共建"一带一路"国家直接投资为其基础设施改善和经济社会发展提供了巨大动力。推进"一带一路"建设工作领导小组办公室于2023年11月24日发布的《坚定不移推进共建"一带一路"高质量发展走深走实的愿景与行动——共建"一带一路"未来十年发展展望》中提到，中国倡议各方在推进共建"一带一路"合作中，要坚持共商、共建和共享，坚持开放、绿色、廉洁，坚持高标准、惠民生、可持续等原则理念。因而在"一带一路"倡议快速发展的关键时期，探索中国直接投资与双边经济增长的关系，尤其是中国直接投资与东道国经济增长的关系已成为现阶段急需深入探讨的热点问题。

现有研究文献对中国在共建"一带一路"国家的直接投资活动有着不少的研究，但多是分析中国直接投资对母国的影响，较少考虑中国直接投资是否给东道国带来了实在的经济收益。随着直接投资与经济增长关系研究的深入，学者们发现直接投资的经济效应有显著的国别差异性，于是学者们针对究竟是什么因素影响了直接投资的经济增长效应开始了深入的讨论，且多是从东道国技术水平、东道国金融市场发展、东道国人力资本、东道国制度等方面进行研究，结果发现以上变量的优劣确实是影响直接投资经济增长效应的重要因素。

但共建"一带一路"的国家有着它的特殊性：国家众多，国家之间经济发展水平存在较大差距，发展中国家占多数，多数国家处在重要的地理位置，部分国家能源丰富、政治局势复杂、宗教文化冲突明显、基础设施落后、营商环境较差、生态环境较为脆弱。所以针对"一带一路"倡议，研究中国直接投资与双边经济增长的关系并且哪些变量对这一关系产生了调节作用时要充分考虑到共建"一带一路"国家发展的特殊性。

第一，共建"一带一路"国家贯穿亚欧非大陆，地理覆盖范围广，各国经济发展情况不一。一方面，部分共建"一带一路"国家存在局势动荡、战争战乱以及恐怖主义等问题，这些问题加剧了中国企业直接投资的不确定性，中资企业的直接投资风险本来就较高，而共建"一带一路"国家的区位特征又加大了这一风险的可能性，更需要良好的东道国制度作保障。另一方面，"一带一路"国家对于外资准入标准和要求都比较高，对外资进入行业也有着严格的限定，想要进入东道国进行直接投资就必须满足东道国较高的制度标准。所以共建"一带一路"国家的制度优劣对中国直接投资与双边经济增长关系的影响是不可忽视的。

第二，中国"一带一路"倡议的根本宗旨是为了顺应世界多极化、经济全球化和文化发展多样化的潮流。"一带一路"倡议建设的重要内容之一就是"民心相通"。正如中国在"一带一路"建设愿景中提到要增进沿线各国人民的人文交流、文明互鉴,倡导文明宽容,加强不同文明之间的对话。如何才能做到"民心相通"? 文化相通就是最有利、最有效的途径。中国在推行"一带一路"倡议时,不仅要面临"一带一路"国家的文化差异、语言差异、宗教信仰差异以及国民价值观的差异,还要受到某些国家"价值观"博弈的影响,这都放大了中国与共建"一带一路"国家经济合作的风险。所以加强双边文化交流和母国文化的输出,积极推进汉语在共建"一带一路"国家的有效传播能够有效拉近中国与共建"一带一路"国家的距离,形成与这些国家的良性互动,更好地推动"一带一路"倡议的发展。

第三,共建"一带一路"国家基础设施建设水平有待改善,互联互通一直是共建"一带一路"国家经济发展的重点。一方面,中国对这些国家的基础设施投资改善了东道国基础设施环境,有利于这些国家进一步提升贸易便利化水平。另一方面,中国拥有基础设施建设的先进技术、原材料市场和充裕的外汇储备,对共建"一带一路"国家的基础设施投资也为中国直接投资活动开辟了新的市场。所以,基于现阶段共建"一带一路"国家基础设施建设现状,基础设施的完善程度对于发挥中国直接投资的双边经济增长效应有着重要影响。

第四,整体而言,中国企业对外直接投资的竞争力相对不足,在直接投资中暴露出不少问题,例如:法制观点淡薄、抵御风险意识不强、生态环保意识和社会责任意识有待提升等,这些都是中资企业直接投资的软肋,不仅容易遭到东道国政府和民众对来自中国直接投资的排斥,而且也给中资企业的国际形象带来不好的影响。中国自"一带一路"倡议提出以来,"一带一路"建设的生态文明理念一直得到中国政府的重视,推动绿色、可持续发展,加强对"一带一路"国家的生态保护,建设"绿色丝绸之路"是中国与共建国家的共同心愿。众所周知,"一带一路"国家生态环境较为脆弱,又多为发展中国家,经济增长方式粗放,相较于本国的经济发展,共建国家政府对生态环保的重视程度有待提高。"一带一路"东道国生态环境的优劣对中国直接投资的双边经济增长效应有什么影响呢？这是一个值得研究的问题，也是现阶段中国企业在"一带一路"国家直接投资过程中树立环保和社会责任意识，共建绿色"一带一路"急需解决的问题。

综上所述，考虑到"一带一路"倡议的宗旨、中国在"一带一路"国家直接投资的现状以及"一带一路"国家发展的特殊性，本书将选取东道国制度、双边文化交流、东道国基础设施以及东道国生态环境作为调节变量，分析这些变量在"一带一路"背景下，对中国直接投资与东道国经济增长关系、中国直接投资与母国经济增长关系分别有何影响以及这两方面的影响是否一致。

1.1.2 研究意义

本书将研究中国对共建"一带一路"国家直接投资与双边经济增长的关系以及东道国制度、双边文化交流、东道国基础设施和东道国生态环境等调节变量在"一带一路"背景下，对中国直接投资与双边经济增长关系中的调节作用。这一研究相对而言具有比较重要的理论和现实意义。

（1）直接投资理论多来自对发达国家的研究，随着新兴经济体的崛起，直接投资的理论和实践问题越来越多。目前较多学术研究多从发达国家视角出发，较少考虑发展中国家投资企业的投资特点。而中国作为发展中国家，中资企业的成长环境不同于其他发达国家，因此许多直接投资理论无法深入描述和解释中国企业直接投资中的问题。全面解读中国在共建"一带一路"国家直接投资问题，尤其是定量分析中国直接投资对双边经济增长的影响，以及哪些因素会影响中国直接投资与双边经济增长的关系这方面研究相对不足。目前，中国是世界第二大经济体、最大的发展中国家和第二大对外投资国，鉴于中国的国际经济地位和"一带一路"倡议的重要性，本书将有针对性地以共建"一带一路"

国家为分析对象，根据中国在共建"一带一路"国家直接投资的现状，深入研究中国直接投资对双边经济增长的影响，以及有哪些因素对直接投资与经济增长关系中存在着调节作用，对于丰富"一带一路"倡议的直接投资理论，进一步扩展区域投资理论，有着一定的学术和理论价值。

（2）"一带一路"倡议是一个包容的经济合作倡议，这一倡议完全符合共建"一带一路"国家的需求，对于促进中国和这些国家的双边经济发展有着重大意义。中国政府与共建"一带一路"国家都纷纷积极响应了"一带一路"倡议，中国与这些国家也开展了一批互联互通的项目合作，对共建"一带一路"国家的制造业、能源和基础设施等行业进行了重点投资。但共建"一带一路"国家数量较多，政治关系、民族矛盾和经济发展水平等方面差异较大，致使中国对共建"一带一路"国家的直接投资发挥其经济增长促进作用时要受到诸多因素的影响。针对此问题，本文从东道国制度、双边文化交流、东道国基础设施和东道国生态环境情况入手，量化分析这几个调节变量在"一带一路"背景下，如何影响中国直接投资对双边经济增长的促进作用，并在此基础上有针对性地提出解决问题的方案，对最大限度地发挥中国直接投资的双边经济增长效应有着重要的实践价值。

可见，本书的研究具有一定的理论和实践意义，可以在一定程度上弥补现有研究的不足。

1.2 结构安排、研究方法与技术路线

1.2.1 结构安排

本书拟主要解决如下问题：

第一，验证各项东道国制度在 "一带一路" 背景下对中国直接投资与双边经济增长关系的调节作用，为中资企业在共建 "一带一路" 国家直接投资中更好地防范东道国制度风险提供依据。

第二，定量计算 "一带一路" 背景下，双边文化交流是否有力地消除了文化差异的不良影响，强化了中国直接投资对双边经济增长的促进作用。

第三，以共建 "一带一路" 国家主要基础设施：交通、通信、电力和能源为研究媒介，验证 "一带一路" 倡议背景下，东道国基础设施对中国直接投资与双边经济增长关系的调节作用，为以后中国与共建 "一带一路" 国家基础设施项目合作找到理论依据。

第四，分析在 "一带一路" 背景下，东道国生态环境对中国直接投资与双边经济增长关系的调节作用，为中资投资企业在共建 "一带一路" 国家直接投资的过程中加强生态环保工作提出建议。

第五，检验中国直接投资是否能够促进双边经济增长，尤其是能否促进 "一带一路" 东道国的经济增长，为反驳某些针对中国 "一带一路" 倡议的不实言论找到依据。

根据以上需解决的主要问题，本书拟分为以下几章：

第 1 章，概述。概要介绍了本书的选题背景及意义、研究内容、研究思路、研究框架及方法、文章的创新点及不足。

第 2 章，文献综述。通过对经济增长理论的发展、直接投资与经济增长关系、中国对共建 "一带一路" 国家直接投资等方面文献进行回顾，概括目前国内外学者在这一领域已取得的具有代表性和重要影响力的学术研究成果，总结出尚未或者较少引起大量关注的研究领域，为下一步研究提供方向。

第 3 章，直接投资与经济增长的理论分析以及调节变量的传导机制。本章从理论上分析直接投资给母国经济增长和东道国经济增长带来的影响，同时从本研究选择的几个调节变量角度分析这些变量对直接投资与双边经济增长关系调节作用的传导机制，为后文的实证分析提供理论基础。

第4章，中国对共建"一带一路"国家直接投资的现状分析。本章将介绍中国对共建"一带一路"国家直接投资的现状，总结中国在共建"一带一路"国家直接投资存在的问题，为后文实证分析提供研究材料。

第5章，中国对共建"一带一路"国家直接投资与东道国经济增长的关系研究。本章定量研究在"一带一路"背景下，中国直接投资与东道国经济增长的关系，并引入东道国制度、双边文化交流、东道国基础设施建设和东道国生态环境几个调节变量，分析以上变量在"一带一路"背景下，对中国直接投资与东道国经济增长关系中的调节作用以及这些作用是否具有"一带一路"特殊性。

第6章，中国对共建"一带一路"国家直接投资与母国经济增长的关系研究。本章定量研究在"一带一路"背景下，中国直接投资与母国经济增长的关系，并引入东道国制度、双边文化交流、东道国基础设施建设和东道国生态环境几个调节变量，分析以上变量在"一带一路"背景下，对中国直接投资与母国经济增长关系中的调节作用以及这些作用是否具有"一带一路"特殊性。

第7章，结论与政策建议。根据前文的实证结果，对"一带一路"背景下，中国直接投资的双边经济增长效应情况进行总结，为未来最大限度地发挥中国直接投资给双边经济增长的促进作用提出相关政策建议。

1.2.2　研究方法

本书主要研究方法如下：

第一，文献梳理与理论研究。

本书在查阅文献的基础上对相关研究进行回顾和梳理，对直接投资与经济增长关系方面的研究进行总结，并认真分析当前已有的理论成果。

第二，统计分析与计量方法。

本书根据中国对共建"一带一路"国家直接投资现状和特点的定性分析，利用中国对共建"一带一路"国家直接投资数据，定量研究东道国制度、双边文化交流、东道国基础设施建设和东道国生态环境等变量对中国直接投资与双边经济增长关系的调节作用，为将来中国对共建"一带一路"国家的进一步直接投资更好地促进双边经济增长找到依据。

第三，对比分析法。

（1）本书将通过研究在"一带一路"背景下中国直接投资对双边经济增长的影响，对比分析中国直接投资在影响东道国经济增长和母国经济增长的问题上有何不同。（2）根据所加入的调节变量分析其在"一带一路"背景下对中国直接投资与东道国经济增长关系和与母国经济增长关系的调节作用有何不同。（3）本书根据东道国贸易便利化程度和中国与共建"一带一路"国家双边投资协定的情况，将共建"一带一路"国家样本分类回归，对比分析各项调节变量在中国直接投资分别与东道国经济增长关系、与母国经济增长的关系中的调节作用是否会因为东道国贸易便利化程度高低、签订双边投资协定的差异而有所不同。（4）本书对比分析在"一带一路"背景下和非"一带一路"背景下，中国直接投资对东道国经济增长和对母国经济增长的影响有何不同。

1.2.3　技术路线

根据以上分析，本书的研究框架和技术路线图如图 1.1 所示。

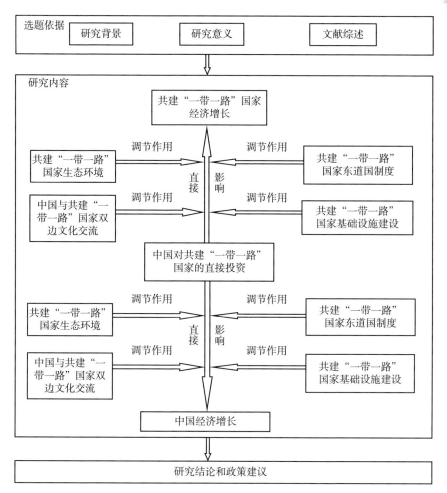

图 1.1 本书的研究框架和技术路线

1.3 创新点与研究不足

1.3.1 创新点

本书的创新点在于:

1. 研究视角创新

以往研究中国"一带一路"直接投资的文献中，更多是关注中国对"一带一路"国家的直接投资对母国某一方面的影响，如对母国逆向技术溢出效应、对母国就业、对母国产业结构升级等的影响，较少定量研究在"一带一路"背景下，中国直接投资给母国和东道国尤其是东道国是否真正带来了经济增长。另外在研究经济增长影响时，学者们更多关注技术、资本以及人口数量等传统投入因素，或者投资、对外贸易和文化等要素单独对经济增长的作用，较少研究其他因素如何影响直接投资的经济增长效应。本书将分析在"一带一路"背景下，中国直接投资对双边经济增长的影响以及本书所选调节变量对中国直接投资与双边经济增长关系的调节作用。

2. 多层面和多视角的研究

本书将从共建"一带一路"国家整体、共建"一带一路"国家不同区域以及非共建"一带一路"样本国家等多个层面研究中国直接投资的经济增长效应，同时又从东道国和母国两个视角分别考虑相应的调节变量在以上分类背景下对直接投资双边经济增长效应的影响和差异。本书试图通过这些层面和角度使得研究更全面。

3. 实证分析更细致、全面

（1）根据中国在共建"一带一路"国家直接投资现状和东道国基础设施建设情况，本书选择了4项东道国基础设施建设指标，从不同行业分析了东道国基础设施对中国直接投资与双边经济增长关系的影响。（2）本书进一步从东道国贸易便利化和双边投资协定签订的角度考虑几个调节变量在"一带一路"背景下，对中国直接投资与双边经济增长关系中的调节作用是否会因为东道国贸易便利化程度高低和双边投资协定签订与否有所不同。（3）根据中国直接投资情况本书选取了非共建"一带一路"国家作为参照，对比分析各项调节变量对中国直接投资与双边经济增长关系的调节作用是否在非共建"一带一路"国家与共建"一带一路"国家有所不同。

1.3.2　研究不足

本书的研究不足之处主要是：

1. 基础设施建设整体情况在实证分析中难以全面体现

实证研究中，模型将考虑"一带一路"国家基础设施建设情况，但由于基础设施涵盖面较广，无法一一陈述，所以本书仅选择了4个具有代表性的基础设施建设水平（交通基础设施建设、通信基础设施建设、能源基础设施建设和电力基础设施建设）作为研究对象纳入计量模型进行考察，然而这四大基础设施建设水平并不能完全反映东道国整体的基础设施建设情况，会使计量结果略有偏颇。

2. 调节变量的选取无法做到全覆盖

在"一带一路"背景下，影响中国直接投资与双边经济增长关系的调节变量可能较多，但考虑到本书篇幅以及相应变量的数据可得性，无法将所有调节变量都通篇考虑，所以尽可能地选择了几个具有代表性的变量，对无法纳入的调节变量，本书也尽量将其纳入控制变量内，尽最大努力全面分析所研究的问题。

文 献 综 述

随着直接投资的不断发展，直接投资对经济增长的作用越来越重要，学者们对直接投资经济增长效应方面的研究日益成熟，在这一领域不断涌现出很多新的理论，丰富了直接投资和经济增长的关系研究。同时，自"一带一路"倡议提出以来，世界各国都对这一构想给予了高度关注，许多学者也纷纷开展了关于"一带一路"倡议的学术研究，从"一带一路"倡议的建设思路、投资风险、实施基本策略等方面进行了定性和定量的研究。本章旨在对国内外关于直接投资与经济增长关系、经济增长影响因素、中国对"一带一路"国家直接投资等方面的学术研究成果进行系统的回顾和梳理，为本书后续章节提供一定的理论分析基础。

本章为文献综述部分，共分为三个部分。第一部分对国外学者有关本书的相关研究进行了回顾和分析。第二部分通过对国内学者关于本研究的相关文献进行回顾和分析，与前面国外学者的相关研究结论和研究观点进行对比分析，找到异同点。第三部分是通过前期的相关文献总结，找到现有研究中的不足。

2.1 国外学者相关研究评述

关于经济增长理论方面的研究，国外学者起步较早，研究成果也较为丰富。经济增长理论的研究经历了由外生增长到内生增长，由单一的投入要素到技术进步的内生分析，再到制度创新因素纳入的转变过程，为经济增长理论的研究提供了新的视角。

2.1.1 对经济增长理论的研究

经济增长理论的发展经历了从古典经济学到新古典经济学再到内生经济增长理论的研究轨迹。

古典政治经济学中，英国经济学家亚当·斯密（Adam Smith，1776）第一次进行了经济增长实现途径的探讨。亚当·斯密强调土地、资本和劳动力等要素对经济增长的影响，由于土地在短期间内无法增加，所以可变的劳动力和资本在很大程度上决定了经济增长。从此之后，各国经济学者纷纷投入经济增长的研究，而经济增长理论也经历了由外生增长向内生增长转变的过程。

索洛（Solow，1956）认识到哈罗德—多马模型的局限性，认为从长期来看技术进步才是带动一国经济增长的源泉。此后，许多经济学家纷纷通过实证方法证实了索洛的观点，认为在资本和劳动之外，还存在着一部分由外生因子引起的经济增长，这是用资本和劳动投入无法解释的，这一外生因子即技术进步。在索洛增长模型的基础上，斯旺、萨缪尔森和托宾等经济学家发展形成了新古典经济增长模型。新古典经济增长模型认为：（1）产出增长在长期是一个稳定的函数，与储蓄率和投资无关，只与劳动力增长率有关，劳动力增长率越高产出就越多。（2）人口多的国家往往因为人均收入水平较低而拖慢了经济增长的速度。（3）在一定条件下, 人均资本较少的国家由于发展起点低, 其经济增长速度要快于人均资本多的国家。新古典经济增长理论具有较强的影响力, 它将长期增长归因于技术进步, 但未能解释决定技术进步的经济因素, 且由于新古典理论是建立在一系列假设条件之上, 理论结果有一定的局限性。

罗默、卢卡斯等 (Romer, Lucas etc., 1986) 在新古典经济增长理论的基础上把技术内生化。他们认为知识积累不仅是经济增长的原因更是经济增长的结果, 两者相互作用, 互为因果, 这一理论就是新经济增长理论。新经济增长理论此后的各个模型都将技术进步视为生产过程中不可或缺的要素。新经济增长理论认为经济增长是一个以生产技术积累为基础, 技术进步、人力资本积累、物质资本积累、劳动分工和制度变迁等因素共同作用的过程。

新古典增长理论和内生增长模型均没有考虑到制度因素对一国经济增长的作用。以诺思为代表的新制度经济学家们对经济增长提出了新的思路。他们认为资本、劳动力、技术进步等因素本身就是经济增长的表现, 制度才是促进一国经济增长的关键因素。

随着生产函数理论的逐步演进, 学者们也一直致力于研究各种要素对经济增长的贡献。本书以共建"一带一路"国家为研究对象, 着重分析中国直接投资对双边经济增长的影响。直接投资是一国经济发展的重要推动力, 关于直接投资与经济增长关系的研究一直是国内外学者关注的焦点。国外学者对于直接投资与经济增长关系的研究起步较早, 成果丰富。针对本书研究的主要问题, 接下来将从东道国和母国两个角度, 回顾国外学者在直接投资与经济增长关系问题上的研究成果, 为后文的定量分析打下基础。

2.1.2 对直接投资与经济增长的关系研究

在直接投资理论的研究过程中, 直接投资与东道国经济增长的关系

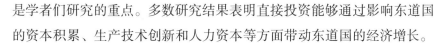

是学者们研究的重点。多数研究结果表明直接投资能够通过影响东道国的资本积累、生产技术创新和人力资本等方面带动东道国的经济增长。

1. 直接投资与东道国经济增长的关系研究

纳克斯（Nurkse，1953）研究发现外资的流入有利于发展中国家的经济增长。麦克杜格尔（Macdougall，1960）认为直接投资能够改善东道国企业的生产效率，带动东道国的经济增长。维农（Vernon，1996）研究发现外资进入东道国以后能够优化东道国的出口商品结构。托达罗（Todaro，1991）认为引进外资可以弥补东道国企业在技术管理方面的不足。布罗思托姆（Blomstrom，1991）研究发现引进外资使得东道国本土企业面临着更大的竞争压力，迫使东道国企业提高劳动生产率，增强自身的竞争力。凯夫斯（Caves，1996）研究表明直接投资提高了东道国企业的劳动生产率。弗赖伊（Fry，1996）认为直接投资可以促进东道国经济增长的质量。钱纳利和斯特劳特（Chenery & Strout，1996）研究指出外资可以有效地帮助东道国弥补储蓄和外汇缺口，提高东道国经济增长效率。艾特肯、汉森和哈里森（Aitken，Hanson & Harrison，1997）认为引进外资可以改善东道国当地企业的出口贸易前景。博伦斯坦（Borensztein，1998）研究发现引进外资对东道国经济增长仅有短期的促进作用。马库森和维纳布尔斯（Markusen & Venables，1999）以发展中国家为研究对象，研究发现吸引外资是发展中国家产业转型升级的重要推动力。詹科夫和哈坎（Djankov & Hoekan，2000）认为不同类型的直接投资对东道国经济增长的促进作用不同，当直接投资形式为独资和合资企业并存时，直接投资对东道国企业效率有显著的负向影响，当直接投资以独资的形式存在时，直接投资对东道国企业效率有显著的正向促进作用。哈斯克尔、佩雷拉和斯劳特（Haskel，Pereira & Slaughter，2001）证实了直接投资对东道国技术溢出和经济增长的重要性。达米扬（Damijan，2003）研究发现直接投资对东道国经济增长有显著的促进作用。凯勒和耶普尔（Keller & Yeaple，2003）研究发现引进外资对东道国企业效率提高有显著的促进作用。萨维德斯和撒迦利亚迪斯（Savvides & Zachariadis，2005）认为引进外资能够促进东道国经济效率的提升。巴里奥（Barrio，2005）指出引进外资会给东道国企业带来两种效应：正的外部效应和负的外部效应，两种效应的合力共同决定了直接投资对东道国经济增长的最终结果。巴里和科尔尼（Barry & Kearney，2006）认为引进外资能有效地改善东道国的产业结构，提升相关行业的生产效率。布兰斯泰特（Branstetter，2006）研究了日本对美国的直接投资，结果发现直接投资促进了日美两国企业的知识共享，加速了双边的知识积累。因泽尔特（Inzelt，2008）研究发现直接投资能够显著地促进东道国的人力资本进步，从而促进东道国的经济增长。莫尔德（Mold，2008）研究发现直接投资的流入稳定了发展中国家的经济增长。哈米达和古格勒（Hamida & Gugler，2009）研究发现直接投资对东道国有一定的技术溢出效应，而东道国通过自身的吸收能力对其经济发展有着一定促进作用。迈耶和西纳尼（Meyer & Sinani，2009）研究指出外商直接投资的溢出效应与东道国的收入、制度和人力资本发展情况呈现曲线关系。赫尔泽（Herzer，2010）研究发现直接投资与东道国经济增长存在双向的促进关系。尼科里尼和雷斯米尼（Nicolini & Resmini，2010）研究发现直接投资的技术溢出效应同时存在于东道国企业内部，也存在于行业之间，且生产率较低的企业比生产率较高的企业更容易从外商直接投资中获益。

直接投资除了能够带给东道国一定的宏观经济效应之外，随着直接投资在世界经济活动中的地位不断上升，对外直接投资也是影响母国经济增长的重要因素。下文对直接投资母国宏观经济效应的国外研究进行了回顾。

2. 直接投资与母国经济增长的关系研究

凯恩斯（Keynes，1936）首次提出了母国经济会受到对外直接投资影响的想法。贾赛（Jasay，1960）研究了对外直接投资对母国就业的影响，认为对外直接投资对母国国内就业有着显著的替代作用。布洛姆斯特隆和科洛（Blomstron & Kollo，1994）研究发现对外直接投资对母国内部产业分工有着显著影响。泽扬（Zejan，1994）的研究表明，母国的经济发展水平越高，对外直接投资的规模越大。巴尔森和布拉曼（V. N. Balsn & Braman，1996）认为一国进行对外直接投资比不进行对外直接投资时，母国经济增长水平提升得更快。佩因和韦克林（Pain & Wakelin，1998）研究发现对外直接投资对母国贸易在特定产业出现了出口替代效应。贝尔德博斯和斯勒瓦根（Belderbos & Sleuwaegen，1998）以日本为研究对象，结果发现对外直接投资对日本的出口发生了替代现象。伯恩施坦（Borensztein，1998）研究发现一国通过对外直接投资可以明显地促进母国国内的经济增长。戈皮纳特等（Gopinath et al.，1999）以美国为研究对象，发现美国食品加工业的对外直接投资对母国出口贸易产生了负面影响。卡尔科维奇和利克文（Carkovic & Lcvine，2000）研究发现一国的对外直接投资与母国经济增长没有明显的必然联系。科科（Kokko，2006）认为对外直接投资会从产业结构、国内投资、收支平衡等方面影响母国经济。丹泽尔（Denzer，2011）认为只有母国资本得到充分利用，且经济发展达到一定程度时，对外直接投资才能促进母国经济发展。

国外学者对于直接投资与经济增长关系的理论研究已经非常成熟，且多数学者都认为直接投资能够促进经济增长。但也有部分学者认为，只有满足一定条件，直接投资才能促进经济增长。

3. 其他因素对直接投资经济增长效应影响的研究

阿布拉莫维茨（Abramovitz，1986）认为东道国只有满足一定的前提条件，引进外资才能推动东道国的经济增长。这里的条件主要包括东道国政治环境、经济环境、基础设施建设和东道国技术发展水平等。科恩和莱文塔尔（Cohen & Levinthal，1990）研究发现东道国吸收直接投资的能力会因为金融、技术、人力资本等因素而有所不同。硼体奈特（Borenszteinetal，1998）研究发现直接投资推动东道国经济增长的前提条件是东道国的人力资本存量必须达到一定水平。百柳（Bailliu，2000）指出如果东道国金融市场不发达，则引进外资对东道国经济增长的贡献率为负数。爱马仕和伦辛克（Hermes & Lensink，2003）以亚洲、拉丁美洲和非洲的 67 个国家为研究对象，研究结果表明，在金融体系发达的东道国，直接投资对东道国经济增长的贡献率为正；金融体系不发达的东道国，直接投资对经济增长的贡献率为负。阿尔法罗（Alfaro，2003）研究表明对外直接投资只有在金融市场发达的国家对母国经济增长的促进作用才比较显著。尼尔斯和罗伯特（Niels & Robert，2003）认为金融因素对直接投资的投资效率有一定的影响，完善的金融体系会提高资金的分配和使用效率，促进直接投资的经济增长效应的发挥。阿兹曼 - 赛尼和萧胡克法（Azman - Saini & Siong Hook Law，2010）研究发现东道国金融市场的发展水平对直接投资的经济增长效应有 "门槛效应"。赫尔泽（Herzer，2012）研究表明发展中国家的直接投资能够促进经济增长在不同的国家有不同的结果，金融市场化程度越高的国家，越有利于引进外资促进其经济增长。

综上所述，多数国外学者认为直接投资能够影响东道国和母国的经济增长，且两者的关系往往要受到其他因素的制约。

经济学家们一直不断开拓新的视角探寻一国经济增长的成因和实现途径。除了直接投资，还有很多其他要素都是影响经济增长的重要因素，如资本（包括人力资本和物质资本）、政治、贸易、法律、地理、文化、城市发展水平等。这些要素不仅能够直接影响一国的经济增长，还可以通过影响直接投资与经济增长的关系间接影响一国的经济发展。本书不仅研究了直接投资对经济增长的影响，更从第三方角度分析了调节变量对直接投资与经济增长关系的影响。所以根据本书选择的调节变量和后文实证模型中加入的控制变量，下一节将对这些因素与经济增长关系的国外文献进行回顾。

2.1.3 对经济增长影响因素的研究

影响经济增长的因素较多，除了传统经济理论中的劳动力、资本和技术等要素之外，有关国际贸易、制度、社会城市发展水平等因素与经济增长关系的文献也逐渐增多。经济增长并不是由某一个因素所能决定的，所以，学者们从不同角度对经济增长的形成原因进行了探讨和研究，形成了不同的观点。

物质资本和人力资本对经济增长的作用研究。物质和人力资本对经济增长的促进作用这一结论已经得到学术界的普遍认可。德朗和萨默斯（De Long & Summers，1991）研究发现发展中国家的物质投资能有效促进经济增长水平的提高。巴罗（Barro，2001）也得出一致的结论：物质资本的提高有助于经济增长。

科学技术对经济增长的作用研究。科学技术被称为第一生产力，科技研发可以带动产品创新，带来劳动生产率的提高，进而促进经济增长。科学技术对经济增长作用的相关文献较多，主要观点有两类：科技进步有利于经济增长和科技进步不利于经济增长。格里利希斯（Griliches，1979）研究认为科技进步能够促进一国的经济增长。琼斯（Jones，1995）以 OECD 国家为分析对象，得出科技研发的投入与经济发展的速度成正比。相反地，克莱默尔（Kremer，1993）与阿吉翁和霍伊特（Aghion & Howitt，1998）的研究结果与以上结论相反，他们研究发现科技研发对经济增长作用不大。

人口增速对经济增长作用的研究。关于人口对经济增长的影响，现有文献结论分为两类：一类认为人口增长有利于促进经济增长；另一类认为人口增加对经济增长会产生负面影响。克莱默尔（Kremer，1993）研究结果表明人口的增加能够带来科技的进步，从而促进经济增长。相反的，哈努谢克（Hanushek，1992）、普里切特（Pritchett，1996）通过研究发现人口数量与经济增长呈负相关关系。虽然学者们都认为人口数量是影响经济增长的重要因素，但目前对人口数量与经济增长的关系尚无统一定论。

制度因素对经济增长的作用研究。巴罗（Barro，1991）研究认为政治不稳定对经济增长有着显著的负面影响，而公民政治权利和自由对经济增长影响不显著。克纳克和基弗（Knack & Keefer，1995）将制度变量纳入经济增长方程中，发现产权安全对经济增长有着显著的正向作用。罗德里克（Rodrik，2004）对比了制度、地理环境和对外贸易三者对经济增长的影响，最后发现制度质量才是各国经济发展水平的决定性因素，而不是地理环境和对外贸易。

文化对经济增长的作用研究。科齐（Cozzi，1998）分析了文化对技术创新的影响，他认为文化导致了投资的增加，进而带动了技术创新和经济增长。约翰生和莱纳托维奇（Johnson & Lenartowicz，1998）分析了文化因子对经济增长的促进作用。研究结果发现在中国，商业文化比传统儒家文化更能促进经济增长。卡恩（Khan，2010）验证了信任和尊重等文化因素对亚洲国家的经济增长有着正向促进作用。格瑞夫和塔贝里尼（Greif & Tabellini，2011）研究发现社会的运转更加依赖于文化传统等非正式制度。

基础设施因素对经济增长的作用研究。基础设施是人类生活的必需品，一个国家基础设施建设水平直接影响到该国家的经济发展。有相当一部分学者认为一国或者地区的基础设施建设水平直接关系到其经济发展，且基础设施建设对经济增长有 "正向" 促进作用。阿绍尔（Aschauer，1989）通过实证的方法分析了基础设施建设对美国经济增长的影响，结果显示基础设施对美国国家产出的贡献率为 0.39，这一结论引起了许多学者的关注。卡扎维兰（Cazzaavillan，1993）以欧洲国家为背景分析了基础设施建设对经济增长的影响，结果显示基础设施建设对经济增长有着明显的推动作用。

随着全球化进程的加快和跨国公司为主体的对外直接投资不断扩张，经济增长和环境污染问题得到了国内外学者的高度关注。格罗斯曼和克鲁格（Grossman & Krueger，1991）首次发现环境污染和经济增长存在倒 "U" 型关系，即环境会随着收入增加呈现先下降后改善的趋势。这条倒 "U" 型曲线被称为 "环境库兹涅茨曲线"，即 EKC。国外学者以不同的国家和地区为分析对象，验证了 EKC 曲线的存在，普遍认为 EKC 曲线的存在在很大程度上取决于指标的选取。关于直接投资与东道国生态环境问题的研究，大多数文献集中在东道国利用外资对当地生态环境的影响。直接投资对东道国环境影响主要有两种截然相反的假说："污染天堂"和"污染光环"。"污染天堂"认为发达国家为了避免较高的环境治理成本，倾向将高污染行业转移到自愿降低环境标准来吸引外资的发展中国家，虽然直接投资给当地经济增长带来了促进作用，但却将东道国沦为发达国家的"污染天堂"（Xing & Kolstad，2002；Zarsky，1999；Wagner & Timmins，2004）。另一些学者则认为直接投资对东道国环境不但没有"负作用"，反而有利于改善东道国环境（Birdsall & Wheeler，1993；Frankel，2003；Prakash & Potoski，2007）。

现阶段大多数文献是将直接投资与东道国环境、直接投资与经济增长分别进行两两研究，较少文献关注东道国环境是如何影响直接投资与东道国经济增长关系的，而将共建"一带一路"沿线国家作为分析对象的文献就更少。

从文献回顾可知，许多关于直接投资对双边经济增长影响的研究较少以共建"一带一路"国家为研究对象。较多国外学者认为，"一带一路"倡议的最终目的是实现共建的国家和中国共同繁荣发展，但也有一些国外学者对"一带一路"倡议有着不同的看法，甚至误解。为了显示中国直接投资对共建"一带一路"国家经济发展的重要作用，本书将以共建"一带一路"国家为研究对象，探讨中国直接投资对双边经济增长，尤其是对东道国经济增长的影响。以下是国外学者针对中国在共建"一带一路"国家直接投资方面的研究成果。

2.1.4 对共建"一带一路"国家直接投资的研究

约翰·坎普（John Kemp，2014）认为"一带一路"倡议是中国用来增强自身政治领导地位的手段。香农·蒂兹（Shannon Tiezzi，2014）认为"一带一路"倡议是中国的"马歇尔计划"，中国希望借助"一带一路"倡议,提高中国在全球和共建"一带一路"国家的影响力。

杰姆·纳尔班托格鲁(Cem Nalbantoglu,2017)认为"一带一路"是一个包容性的倡议,对中国乃至世界经济都有深远的影响。但如今中国国内面临着整个社会和经济体系的改革和结构调整,这将是"一带一路"倡议平稳推进的至关重要的一环。

由文献回顾可以看出,国外学者对于"一带一路"倡议的研究数量不多,研究的角度有限,多集中在"一带一路"的内涵和意义等方面,且仍有部分学者对"一带一路"倡议存有不少疑问,这些疑问正反映出了国际社会的一些质疑声音,但是随着中国"一带一路"倡议的进一步推进,相信能够通过事实来回应相关的质疑。

综上所述,国外学者对于直接投资与经济增长关系、经济增长理论、经济增长影响因素方面的研究成果颇为丰富,且普遍认为影响一国经济增长的原因是复杂的,直接投资是一个重要的因素。直接投资不仅能影响东道国和母国的经济增长,其他变量也可以间接影响直接投资与双边经济增长的关系。但国外学者对中国在"一带一路"国家直接投资方面的研究相对较少。

2.2 国内学者相关研究评述

国内学者关于直接投资与经济增长的关系也进行了大量的理论和实证研究,研究成果较为丰富。

2.2.1 对直接投资与经济增长关系的研究

在直接投资与经济增长的关系上,研究成果较多,且多数学者认为直接投资能够促进东道国和母国的经济增长。沈坤荣等(2001)研究发现外商直接投资对东道国经济增长有着非常显著的影响。董会琳等

（2001）研究发现对外直接投资对母国就业存在着正向刺激作用。江小涓（2002）以中国为研究对象，研究指出通过引进外资会给中国国内带来新的产品销售理念和技术进步。王成岐等（2002）研究表明对外直接投资是影响中国经济增长的重要因素。高连廷（2004）指出对外直接投资可以通过影响出口贸易、就业和产业结构影响母国经济增长。汪琦（2004）研究发现对外直接投资对母国的产业结构升级有着积极的影响。姜东升等（2005）认为直接投资与经济增长之间存在双向因果关系，即直接投资可以促进经济增长，而经济增长又可以反作用于直接投资。刘学之等（2005）认为对外直接投资对中国经济增长和进出口贸易都有显著促进作用。项本武（2006）指出中国的对外直接投资促进了母国出口贸易的扩大。庄起善等（2008）研究发现直接投资能够有效补充东道国行业发展的资金需求，对东道国企业融资，尤其是中小企业融资提供了可能。胡迪锋（2008）研究发现在原材料加工生产领域的外商直接投资可以给东道带来贸易创造效应。宋弘威等（2008）以中国为研究对象，认为对外直接投资与母国经济增长之间存在稳定的均衡关系。张越彪（2009）研究指出外商直接投资有利于提高东道国的工资水平，并促进东道国贸易的扩大。张莉（2012）研究发现外商直接投资对东道国国内投资产生了挤出效应。任晓洁（2014）研究表明对外直接投资促进了母国经济增长和国内资本的形成。张媛（2018）研究发现直接投资的母国经济增长效应是短期的正向效应；当期固定资产投资对经济增长具有显著的正向效应；劳动人口增长对经济增长具有长期促进作用。

与国外学者的研究成果类似，国内经济学家的研究也表明直接投资与东道国和母国经济增长的关系要受到其他因素的制约。

程惠芳（2002）研究发现外商直接投资对东道国经济增长的促进作用在发达国家比欠发达国家更强，由此学者们发现，直接投资的经济增长效应受到了一些其他因素的影响，想要全面研究直接投资的经济增长效应，必须要考虑到这些影响因素。沈坤荣等（2001）认为东道国人力资本发展水平的不同影响了东道国对外商直接投资技术外溢的吸收，从而影响了直接投资对东道国经济增长的促进作用。王志鹏等（2004）研究发现外商直接投资对东道国经济增长有积极影响，只有人力资本达到一定的水平，外资才能对经济增长发挥促进作用。胡立法（2005）研究发现东道国的金融市场越发达，越有利于外商直接投资对东道国的经济增长促进作用。曾慧（2009）以中国为研究对象，研究发现中国对外直接投资与母国经济增长的关系，要受到东道国开放程度、金融发展水平和技术创新等因素的影响。李金昌等（2009）研究了中国对外直接投资的经济增长效应，发现东道国金融市场的发展对直接投资的经济增长效应有着一定的调节作用。闫付美（2007）认为东道国技术水平对直接投资的经济增长效应有着显著的影响。刘晶（2011）研究发现直接投资的经济增长效应受到东道国人力资本结构的影响。扈文秀等（2014）认为东道国政府经济政策的差异会对外商直接投资的经济增长效应产生不同的影响。文淑惠等（2020）研究表明外商直接投资对推动东道国经济增长有重要影响，但这一影响受到东道国金融发展水平的制约。

通过以上文献回顾，本研究发现国内经济学家对于直接投资和经济增长的关系以及是什么因素影响了直接投资的经济增长效应都有着深入的研究，多数研究是将东道国技术创新能力、金融发展水平、市场化程度等角度作为调节变量，丰富了直接投资的经济增长效应理论。由于研究对象的差异性，在研究直接投资经济增长效应的结果上可能得到了不同的结论，但是以共建"一带一路"国家为研究对象，分析中国对共建"一带一路"国家直接投资经济增长效应的文献相对较少，说明在这一领域还有进一步研究的空间。

除直接投资以外，还有很多因素对一国经济增长有着重要的影响。这些因素不仅能直接影响一国的经济增长，而且能够影响直接投资与经济增长的关系。针对本研究选择的调节变量和后文实证模型中的控制变量，下节对这些变量与经济增长关系的国内研究成果进行了梳理。

2.2.2　对经济增长影响因素的研究

中国对经济增长的研究始于20世纪50年代。魏巧琴等（2003）认为直接投资能产生内部和外溢作用，对经济增长产生积极影响。詹锋等（2003）采用计量测算分析了资本、劳动力、制度和产业结构4要素对中国经济增长的影响。金云亮等（2008）认为相对于其他要素技术进步最为重要，它才是经济长期稳定增长的可靠保证。梁泳梅等（2015）研究发现自改革开放起，劳动、资本等要素的投入是中国经济增长的主要来源。余泳泽（2015）认为作为拉动经济增长的马车之一，投资一直是中国经济持续发展的最主要来源。孙早等（2015）研究发现基础设施建设与中国东部、中部地区的经济增长存在着显著的倒"U"型关系。叶德珠等（2016）研究发现文化的区域差异对经济增长起到了显著作用。潘雄锋等（2016）认为对外直接投资对经济增长有直接显著促进作用，且对外直接投资能通过间接技术溢出促进经济增长。聂名华（2016）基于全球价值链视角，发现金融发展可以通过对外直接投资的溢出技术促进经济发展。谢孟军（2016）分析了政府清廉度、对外直接投资和经济增长之间的关系，结果发现：东道国政府清廉度越高，对外资的引力越大，而通过外资的传导机制越能推动投资国的经济增长。

本书以共建"一带一路"国家为研究对象，重点研究中国直接投资对双边经济增长的影响，因此有必要对共建"一带一路"国家直接投资的国内研究成果进行回顾总结，找到现有研究的不足之处，为后文的分析奠定基础。

2.2.3　对共建"一带一路"国家直接投资的研究

自"一带一路"倡议提出以来，中国对共建"一带一路"国家进行了大量的直接投资活动并取得了一定的成果。在这一问题上，国内学者进行了大量的理论和实证研究。

1. 对"一带一路"国家直接投资的相关理论研究

李晓和李俊久（2015）从"一带一路"倡议的历史背景入手，认为中国"一带一路"倡议要想顺利实施，必须认真评估当今世界秩序的关系和面临的优劣势，重构与共建"一带一路"国家的国际关系，构建一个可以保证"一带一路"倡议顺利可持续发展的国际体系。周五七（2015）认为中国在对共建"一带一路"国家的投资活动中，应率先对共建"一带一路"国家的周边国家或地区进行直接投资，但要分散投资风险，尽量避免投资区位选择过于集中。于津平和顾威（2016）认为"一带一路"倡议建设虽存在潜在利益空间，但也面临较大的风险，我们必须客观评价在此期间可能存在的经济利益和风险，这是制定和落实国家政策的前提，将会有助于"一带一路"倡议的稳步推进。黄先海和余骁（2017）的分析表明，共建"一带一路"国家对区域内分工协同发展的迫切需求使得重塑全球价值链分工体系成为可能，并且中国具备了成为新型分工体系中核心枢纽环节的基础。对中国来说，借助"一带一路"倡议进行国际产能合作，提升国际分工的地位有重要的意义。李玉娟（2017）认为现阶段中国文化产业对外发展困难众多，中国应利用共建"一带一路"这一契机，寻求文化多边合作，带动文化资本的优势整合，推动中国文化产业对外区域发展。王志民（2017）认为中哈产能合作是"一带一路"产能合作的典范，合作潜力巨大，前景广阔。中国与共建"一带一路"国家的产能合作可以参照中哈产能合作的形式和理念，将共建"一带一路"国家产能合作从"双边"发展到"多边"以及更广阔的领域。

2. 对"一带一路"国家直接投资的相关实证研究

刘育红（2012）研究发现"新丝绸之路"沿线东道国交通基础设施的改善可以显著地促进当地的经济发展水平，从而通过经济对基础设施建设的反作用更好地改善本国的交通基础设施建设情况。韩东和王述芬（2015）分析了中国对中亚国家直接投资的影响因素，认为中国在中亚五国并没有明显的资源获取和市场扩张的投资动机，中国在中亚地区的投资并没有以"资源获取"或"资源掠夺"为目的。孔庆峰和董虹蔚（2015）测算了共建"一带一路"国家的贸易便利化水平，结果发现共建"一带一路"国家不仅贸易潜力巨大，而且这一潜力远大于一般的区域型自贸区。由于贸易便利化水平可以显著提升贸易潜力，所以中国应充分重视与共建"一带一路"国家的贸易便利化合作与创新。王铮（2015）选取了金融业、制造业以及能源对外依存度等变量进行动态聚类，发现当前世界的主导权由"路权和通信权"代替了"陆权和海权"，"一带一路"倡议是中国争取世界话语权的关键一步。他的研究为中国政府在共建"一带一路"国家积极倡导加大基础设施投资与合作提供了理论分析。陈虹和杨成玉（2015）运用 CGE 模型，对中国与"一带一路"辐射国家建立自贸区，消除贸易壁垒，达到贸易投资自由化进行了可行性研究，结果表明，如果中国能够与共建"一带一路"国家建立自贸区，不仅中国与沿途国家的进出口总额将均有不同程度提高，而且中国的对外贸易条件也将得到显著的改善。公丕萍、宋周莺和刘卫东（2015）等对中国与共建"一带一路"国家贸易商品结构及格局进行了分析。结果显示，中国对这些国家出口商品结构有待进一步的优化，同时，进口商品结构也较为单一，主要集中在能源和劳动密集型商品。谢孟军（2016）在他的文章中研究了共建"一带一路"国家文化输出和商品输出之间的内在关联，他认为文化输出是影响商品输出的重要因素，但文化输出导致的出口增长效应具有地区差异性和滞后性。所以为了加强中国与共建"一带一路"国家的文化交流，应增强中国文化输出的出口增长效应，提升中国的国家软实力。孟祺（2016）计算了共建"一带一路"国家不同区域的制造业竞争力情况，发现沿线部分国家对于制造业的合作有着迫切的渴望，而中国在这方面的优势正好可以与其互补，因此中国可以以此为契机，与沿线国家进行合作融入全球价值链体系。王继源、陈璋和龙少波（2016）研究表明中国对共建"一带一路"沿线国家的基础设施投资会明显拉动中国相关产业的总产出,其中交通、水电和通信业效果最为明显。罗宇文等(2017)在研究中发现"一带一路"倡议下中非合作发展将带来前所未有的新机遇,中国企业对非洲的产业投资为非洲社会经济发展注入强劲动力。刘坤(2018)在他的论文中提到中国对中亚五国直接投资在不断加速。中国对中亚五国直接投资的投资规模、投资产业和投资主体均存在显著差异性。陈继勇等(2018)、田晖等(2018)都认为中国对共建"一带一路"沿线国家的直接投资将面临政治、经济、文明与宗教等方面的风险与挑战。郭关科(2020)认为相对于共建"一带一路"国家的周边其他国家,东盟国家凭借其产业结构优势及区位优势,成为中国对外投资的首选。申韬等(2021)认为中国对共建"一带一路"国家的直接投资是促成双边金融合作的重要因素。邱强等(2022)研究发现在数字经济背景下,与中国合作对于共建"一带一路"国家来说十分重要。中国的投资和东道国数字经济的发展都能激发当地资源的重新配置。从以上文献可知,中国学者对共建"一带一路"国家直接投资上进行了大量的理论和实证的论证,为中国今后与共建"一带一路"国家开展经贸、投资和其他领域的经济合作指明了方向。

综上所述,国内学者关于经济增长的研究多是以中国为分析对象,多数文献认为劳动、资本、制度、基础设施等因素均是影响经济增长的重要因素,且直接投资对经济增长的作用受到其他因素的影响。但针对中国"一带一路"倡议,定量分析中国直接投资对双边经济增长的影响,尤其是对东道国经济增长影响的文献不多,说明在这一方面还有待加强。

2.3 总结性评论

从国内外文献回顾可以看出,国内外学者都普遍认为引起经济增长的原因较为复杂,这些影响经济增长的因素里,有传统的投入要素:劳动力、资本和技术进步等，也有其他影响要素：投资、贸易、制度、文化、基础设施等。

现有的文献中，较多国内外学者普遍认为直接投资能够带动经济增长，且直接投资对经济增长作用在不同的国家有一定的差异性，势必要受到其他因素的影响，但以共建"一带一路"国家为研究背景，定量研究中国直接投资对共建"一带一路"国家和母国到底带来了多大的经济增长影响，且哪些因素会影响中国直接投资的双边经济增长效应的相关文献较少，说明在这一方面还有研究的空间和可能性。

虽然国外学者对于经济增长理论和经济增长影响因素等方面的研究起步较早，研究成果也十分丰富，但是针对中国"一带一路"倡议的研究却相对较少，且仍有部分国外学者对中国"一带一路"倡议的内在含义心存疑虑。相比较之下，国内学者对共建"一带一路"国家直接投资的研究就十分丰富，不仅从理论上，更从实证上阐述了中国对共建"一带一路"国家直接投资活动带来的巨大影响。现有"一带一路"研究中多以中国为出发点，研究中国对共建"一带一路"国家直接投资给中国某一方面的影响（如就业问题、产业问题、某一省市经济增长等），或者是研究双边合作的成就。较少关注中国对共建"一带一路"国家直接投资给东道国，尤其是东道国经济发展带来了多少影响。

中国"一带一路"倡议是互惠共赢的，是为了能够让共建"一带一路"国家一起分享发展成果，看到中国直接投资对共建"一带一路"国家实实在在的贡献，因此本书重点是探讨中国直接投资给共建"一带一路"东道国和母国双边经济增长的作用。同时，由于对外直接投资的经济效应会受到一些因素的外在影响，本书也会在此基础上进一步探讨在"一带一路"背景下，哪些因素影响了中国直接投资给东道国和母国的经济增长作用，并且这一作用是否具有明显的"一带一路"特点。这些都是日后研究中需要完善和补充的地方。

第3章

直接投资与经济增长的理论分析
以及调节变量的传导机制

本书主要研究的是在"一带一路"背景下,中国直接投资对双边经济增长的作用以及调节变量对这一作用的影响。本章将重点介绍直接投资与经济增长关系的相关理论以及调节变量对直接投资与双边经济增长关系的传导机制,为后期的实证分析打下理论基础。

本章分为四个部分:第一部分分别从东道国和投资母国视角,对直接投资与东道国经济增长和直接投资与母国经济增长的相关理论进行回顾。第二部分根据前文选择的调节变量,定性分析这些调节变量分别对直接投资与东道国经济增长关系和直接投资与母国经济增长关系调节作用的传导机制。第三部分为后文实证研究所使用的索洛经济增长模型及其扩展的简单介绍。第四部分为本章小结。

3.1 直接投资与经济增长的理论分析

1960 年,斯蒂芬·海默(Stephen H. Hymerr)首次对直接投资理论进行了探讨。自此以后，国际直接投资理论引起了学者们的关注，并得到了快速发展。直接投资活动不仅能够为投资企业带来收益，还可以为双边国家即东道国和投资母国带来经济增长，直接投资是东道国技术进步、产业结构升级、资本积累等方面的推动力，也是投资母国获得经济增长的重要途径之一。

3.1.1　直接投资与东道国经济增长的相关理论分析

1. 直接投资对东道国资本贡献的理论分析

（1）麦克道格尔－肯普模型。国际直接投资对东道国资本贡献的研究最早是由麦克道格尔（D. A. Macdougall）在《对外私人投资的收益与成本：一种理论探索》一文中提出的。后来经肯普（M. C. Kemp）发展成为麦克道格尔—肯普模型。该模型假定世界由两个国家组成：投资国（甲国，资本丰裕）和东道国（乙国，资本匮乏）；假定两国国内市场处于完全竞争，资本价格等于其边际生产力。当资本从投资国流向东道国后，国际资本的流动可以使世界各国的资本边际生产率达到一个均衡的水平，资本的移动会使两国总产出都增加。但是该理论只分析了资本流动对经济增长的影响，却没有进一步说明国际直接投资如何促进东道国经济增长。凯恩斯的投资乘数理论对这一现象做出了进一步解释。

（2）投资乘数理论。凯恩斯的投资乘数理论从投资出发，认为投资会增加生产资料的需求，从而引起人们收入的增加，人们收入的增加引起了对消费品的大量需求，从而又增加了从事生产的劳动人民的收入。由此类推下去国民收入增加总量等于投资增量的若干倍，凯恩斯投资乘数理论表达式为：

$$国民收入增量（\Delta Y）=乘数\ K\times 投资增量（\Delta I）$$

其中，$K=1/1-$ 边际消费倾向。

根据凯恩斯的投资乘数理论，如果一国引入外资，东道国的国民收入会成倍增加。但凯恩斯只强调了投资对收入的作用，忽视了收入对投资的反作用。凯恩斯的投资乘数理论是一种比较静态的分析。

（3）哈罗德-多马模型。英国经济学家哈罗德（Harrod）和美国经济学家多马（Dormar）在 20 世纪 40 年代末把凯恩斯的投资乘数理论动态化，称为"哈罗德-多马模型"。哈罗德-多马模型的基本表达式为：$\Delta Y / Y = S \times \Delta Y / \Delta K$，其中 Y 表示产出，ΔY 代表产出变化量，$\Delta Y / Y$ 代表经济增长率，S 代表储蓄率，ΔK 代表资本存量的变化，$\Delta Y / \Delta K$ 表示资本的使用效率。哈罗德-多马模型充分表明，产出是一国经济增长的动力，投资是影响产出的重要因素，同时经济增长又反作用于收入的增加。[①]

以上分析是在其他因素不变的情况下进行的，但实际情况中，经济增长是多种因素共同影响的结果，技术就是促进经济增长的要素。在现实生活中，技术因素对一国生产力水平的发展起到了重要的作用。因此，在研究直接投资对东道国经济增长的影响时，必须考虑到技术因素。

2. 直接投资对东道国技术溢出的理论分析

（1）索洛经济增长模型。1957 年，索洛（Solow）在《技术变化和总量生产函数》这篇文章中引入技术要素，从技术层面解释人均收入的长期增长。索洛指出：经济增长不仅取决于劳动和资本，还取决于技术变化要素。他以 1909～1949 年美国为分析对象研究发现，这期间美国产出翻了一番，其中 87.5% 都归功于技术的推动。这一结果的发现表明技术进步才是经济增长的决定因素。技术进步的实现途径主要有两种，一种是技术的自我创新，另一种是对现有技术的模仿和进一步转化。实现第二种途径的有效办法便是通过直接投资的技术溢出效应。一方面是通过引进外资，东道国企业可以学习、吸收外资企业的现有技术。另一方面是通过引进国外投资，东道国企业可以与发达国家的外资企业共同建立技术研发结构，利用投资母国的研究资源和研究平台，获

---

① 郭万超，辛向阳. 轻松学经济—300 个核心经济术语趣解 [M]. 北京：对外经济贸易大学出版社，2005（01）：102.

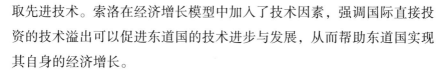

取先进技术。索洛在经济增长模型中加入了技术因素,强调国际直接投资的技术溢出可以促进东道国的技术进步与发展,从而帮助东道国实现其自身的经济增长。

(2)溢出效应理论。1976 年,查尔斯和金德尔伯格(Caves & Kindleberger)在垄断优势理论基础上,扩展了传统产业组织理论的研究范围,提出了"溢出效应理论"。他们认为直接投资是一个涵盖了人力资本、科学技术、物质资本等要素的跨国"一揽子"输出,说明了直接投资活动对东道国存在技术溢出效应。

(3)技术转移模型。1997 年,伊祖姆和科佩基(Koizum & Kopecky)提出了"技术转移模型",分析了跨国公司向其海外子公司的技术转移活动。该模型假设技术转移是子公司占东道国资本存量的增函数,且技术转移是自动发生的,最终得出的结论认为投资国和东道国都会沿着不同的路径实现稳态均衡。达斯(Das,1987)在"技术转移模型"基础上研究发现东道国企业通过引进外资的技术转移效应,经过"看中学"和"干中学"也能从中获益,且分支结构得到的收益远高于跨国母公司本身。

3. 直接投资对东道国产业结构调整的理论分析

引进外资有助于东道国建立新产业,升级原有产业,加速东道国的产业结构调整和升级。

(1)雁行模型。20 世纪 30 年代,赤松要(Kaname Akamatsu)在《我国羊毛工业品的贸易趋势》一文中提出"雁行模型"。赤松要认为一国产业结构会从劳动密集型向技术和资本密集型转变,产生这一现象主要原因是随着进口量的增加,该类产业开始在国内生产,然后再出口,产业的发展随着进口的增加,国内生产和出口出现"雁行模式"。"雁行模式"的实质就是进口替代战略与出口导向战略的有机结合,东南亚国家就是这一模型的典型例证。"雁行模式"一般首先出现在低附加值产业,之后向高附加值领域转移,"雁行模型"产生的核心是动态产业转移理论,外资进入东道国后,东道国某一产业会不断发展,然后衰落，该产业又通过直接投资转移达到低一阶梯的国家。

（2）双缺口模型。1966 年，钱纳邑和斯特劳特建立了"双缺口模型"。该模型源自凯恩斯的总供给和总需求理论，根据凯恩斯总供给和总需求均衡理论 $C + I + X = C + S + M$，$I - S = M - X$，其中，"储蓄缺口"指的是储蓄小于投资，"外汇缺口"指的是出口小于进口。"双缺口模型"表明一国产业结构的演变促进了其自身的经济发展，东道国在引进外资的同时能够有效地弥补储蓄和外汇缺口。赫尔希曼在 20 世纪 70 年代引入了技术要素，后来将"双缺口模型"进一步发展到了"三缺口模型"。"三缺口模型"除了"双缺口模型"中的储蓄缺口和外汇缺口之外，认为技术也是制约发展中国家发展的重要约束。在此之后，麦金农（MCKinnon）又使这一模型动态化，他认为合理引进和利用外资能够实现东道国产业结构优化升级，促进东道国国民经济增长。

（3）增长阶段模型。1992 年，日本经济学家小泽辉智在"雁行理论"基础上引入了跨国公司和直接投资因素，提出了"增长阶段模型"。该理论强调全球经济结构的特点对一国经济运行尤其是对直接投资的影响，其中全球经济结构特点中很重要的一条就是外资利用的速度和形式取决于各国经济发展水平的差异，而对东道国来说利用外资经验的累积则会推动该国家的产业结构升级。

3.1.2 直接投资与母国经济增长的相关理论分析

直接投资不仅可以从不同层面促进东道国的经济增长，还可以为投资母国带来各种宏观经济增长效应，直接投资通过一定的传导机制对母国的对外贸易、产业结构、技术水平和就业等方面产生影响，最终对投资母国经济增长产生作用，这也是中国鼓励企业"走出去"的原因。

1. 直接投资对母国贸易效应影响的理论分析

直接投资与母国贸易关系的理论研究主要集中在两个方面：对外直接投资对母国贸易是替代关系和对外直接投资对母国贸易是互补关系。

替代效应的代表是蒙代尔，他阐述了直接投资和国际贸易之间的替代关系。他从赫克歇尔－俄林模型出发，假设：（1）世界上只有 A 和 B 两个国家，A 国家资本丰裕，劳动力稀缺，B 国资本稀缺，劳动力丰裕。（2）X 和 Y 两种商品，X 产品是劳动密集型，Y 产品是资本密集型。所以 A 国在 Y 产品生产上具有比较优势，B 国在 X 生产产品上具有比较优势。（3）A 国和 B 国的生产函数都是齐次的。（4）两国存在着要素流动的障碍，如关税和非贸易壁垒。蒙代尔假设 B 国对进口国的 Y 商品征收高关税，如此一来会提高 A 国出口商品 Y 在 B 国的价格，从而刺激了 B 国 Y 商品生产部门的扩张。随着 B 国 Y 产品的生产扩张，B 国国内对资本这一稀缺要素的需求上升，促进 B 国资本的价格上升。此时，A 国资本要素在高额利润的驱使下，流向 B 国，扩大 B 国 Y 产品的生产。由于资本的大量外流，A 国 Y 产品的生产减少，增加了进口商品 X 的生产，而 B 国则增加了 Y 商品的生产，减少 X 的生产。资本的跨国流动造成了 B 国 Y 产品产量的增加，替代了 A 国出口商品 Y 产量的下降。因此，蒙代尔认为直接投资和对外贸易是一种完全的替代关系，属于逆贸易型投资。

互补效应的代表是日本经济学家小岛清。他在《国际贸易论》一文中发展了直接投资和国际贸易的互补理论，提出了"对外产业扩张论"。小岛清的互补理论以日本为研究对象。他认为日本和美国的对外直接投资是有差异的，美国的对外直接投资企业多在制造业部门，从事直接投资的企业多处于国内具有比较优势的行业，而日本对外直接投资主要集中在自然资源和劳动密集型行业，这些均是日本已经或者将失去比较优势的产业。美国对外直接投资多是贸易替代的，日本的对外投资行业是在本国具有比较劣势而在东道国具有比较优势的行业，所以对外直接投资会增加对外贸易量的扩大，这种投资是贸易创造的。①

---

①　［日］小岛清. 对外贸易论［M］. 周宝廉译. 天津：南开大学出版社，1987.

2. 直接投资对母国就业水平影响的理论分析

（1）就业替代理论。1960 年，贾塞（Jasser）提出了 "就业替代理论"，该理论第一次研究了直接投资对投资母国就业效应的影响。"就业替代理论" 认为对任何一个国家而言，国内资源都是有限的，所以任何跨国的对外投资都会形成对本国国内投资的替代，如果资金流出并没有出口增加或者进口减少，就会对母国的就业产生负面效应，造成母国国内就业条件的恶化。

（2）就业补充理论。1972 年，霍金斯（R. G. Hawkins）提出了 "就业补充理论"。该理论认为对外直接投资对母国就业率的影响是三种效应叠加的结果：第一种是生产替代效应。由于对外直接投资活动，跨国公司会减少母国就业机会。第二种是出口刺激效应。在对外直接投资过程中，跨国公司会派生出对母国国内设备、原材料和中间产品的需求，这种需求会刺激母国的出口并由此带动国内就业率的增加。第三种是跨国公司企业效应。通过对外直接投资，投资国的出口刺激以及跨国公司总公司对母国容易产生 "工作创造效应"。至于最终对外直接投资对母国就业造成的影响，要视这几种效应比较后的净作用。

（3）就业结构优化论。1999 年，福斯弗里（Fosfuri）提出了 "就业结构优化论"。就业结构优化理论认为，跨国公司总部设在投资母国，对外直接投资的增加会为投资国增加非生产性的就业机会，为投资国在管理层方面创造就业需求，从而增加投资国在相应行业的就业机会，由于管理层人才涉及高层次人员的需求，因而对外直接投资有助于改进投资母国的就业结构。

3. 直接投资对母国逆向技术溢出的理论分析

部分经济学家认为直接投资不仅能给东道国带来先进技术，也可以为投资母国带来一定的逆向技术溢出，这一概念与对外直接投资的东道国技术溢出效应相对应。

（1）技术地方化理论。1983 年，拉尔（Lall）以印度为研究对象，提出了适用于发展中国家的直接投资理论 "技术地方化理论"。他认为尽管发展中国家的跨国公司在对外直接投资活动中多使用标准化和劳动密集型技术，但这种技术的形成却包含着发展中国家企业内在的创新活动，发展中国家并不是简单地复制或模仿发达国家的技术，而是一个吸收、消化和再创新的过程。如果能够通过技术创新或者引进技术改造，能够使这一技术更适合同类型经济水平的国家，便可以成为自身的特定技术优势。拉尔（Lall）指出发展中国家可以凭借自身特定的优势向发达国家进行投资，通过对外直接投资，发展中国家获取了东道国的先进技术，并通过跨国子公司传导到母国，母国再经过外部技术的模仿、复制等形成了自己独特的技术优势，并在技术本土化过程中激发了企业、产业以及国家层面的科技创新，由此直接投资对母国国内技术水平产生了积极促进效应，所以对外直接投资能够推动本国研发和创新活动与先进技术的吸收与改进，进而对本国经济产生深刻影响。

（2）技术创新产业升级理论。20世纪80年代中期以后，发展中国家的对外直接投资活动出现了加速增长的趋势。1990年托伦蒂诺和坎特韦尔（P. E. Tolentino & J. Cantwell）提出了以发展中国家对外直接投资活动为研究对象的"技术创新产业升级理论"，用以解释80年代以来发展中国家和地区对发达国家投资加速增长的现象。该理论将发展中国家企业技术创新、产业升级和对外直接投资进行了动态化处理，认为发展中国家在对外直接投资的过程中，随着产业技术密集度不断扩大，获取现金技术的可能性也逐渐加大，通过对外部技术的学习和积累，发展中国家可以形成自有的技术优势和竞争力，从而引起母国相应产业结构的优化和经济的发展。这一理论主要的观点就是强调了技术创新是一国产业发展的根本动力。技术创新产业升级理论为发展中国对外直接投资活动的区位选择提供了一个新的思路，但是该理论认为发达国家企业的技术创新是依靠大量的研发投入，而发展中国家只能通过特有的学习过程开发生产技术，却忽略了发展中国家自身的自主创新能力。

（3）创造性资产获得理论。1993年，英国经济学家约翰·邓宁

（John H. Dunning）提出了"创造性资产获得理论"。他认为创造性资产是从知识资产转变而来的，它既包括有形物质资产，也包括技术、知识和创新研发能力这样的无形资产。无论是发达国家还是发展中国家都希望通过各种途径来获取创造性资产，而对外直接投资便成为获取创造性资产的有效途径。邓宁还进一步说明创造性资产对投资母国的技术水平和研发能力有显著的影响。主要表现在，一方面，从发达国家角度来说，创造性资产寻求的直接投资将充分释放发达国家在技术、科技、研发等方面的绝对优势，形成优势互补的投资局面，投资企业形成了对创造性资产的控制和逆向获取，经过传导机制，对投资母国国内的生产技术以及产品研发等方面带来显著影响，引起发达国家内部技术的更新换代。另一方面，对发展中国家而言，开展创造性资产寻求的直接投资能够弥补国内技术研发方面的不足，推动高新技术的获取和再创新，积极有序引导国内相关企业和产业进行技术进步的创新。

总的说来，直接投资对双边经济增长效应的相关理论多是从中介变量的角度，即直接投资通过影响东道国和母国的就业、贸易、技术和资本积累等方面去研究直接投资对双边经济增长的影响，这些理论多是研究直接投资通过哪些因素直接或者间接影响了东道国和母国的经济增长。但对外直接投资活动是一个复杂的过程，它的运作要受到各种外来因素的影响，直接投资和经济增长的关系是否会因为第三方的存在而有所改变？这是一个值得探讨的课题。下一节本研究将综合考虑哪些变量可能会对直接投资与双边经济增长的关系产生影响，以及这些变量对直接投资与双边经济增长关系调节作用的传导机制。

3.2 调节变量对直接投资与双边经济增长关系调节作用的传导机制

直接投资与经济增长的关系一直是经济学家们讨论的热点话题。许多学者关注到在不同国家或地区，直接投资的经济增长效应有着显著的差异，直接投资经济增长的差异性是受到了某些其他因素的影响，要想更全面地研究直接投资对经济增长的影响，必须考虑到这些因素对直接投资经济增长效应的调节作用。大多数文献是从东道国金融环境、东道国技术、东道国人力资本等角度分析这些因素对直接投资经济增长效应的调节作用。由于本书是以共建"一带一路"国家为研究对象，所以在调节变量的选取上要考虑到"一带一路"倡议的原则和目标、中国对共建"一带一路"国家直接投资的现状以及这些国家的发展情况，因此本节将重点分析第 1 章选择的各个调节变量对直接投资与双边经济增长关系调节作用的传导机制。

3.2.1　东道国制度对直接投资与双边经济增长关系调节作用的传导机制

制度是影响经济增长的重要因素之一：适合生产力发展的国家制度会有效地拉动经济增长，反之，制度因素只能严重阻碍经济的增长。[①] 20 世纪 70 年代新制度经济学在西方兴起，新制度经济学将制度视为影响经济增长的重要因素，他们认为不同国家经济发展的快慢与其制度安排有着不可分割的关系。

对东道国来说，直接投资对东道国经济增长的作用要受到东道国制度优劣的影响，这种影响是两种截然相反的作用机制叠加的结果。一种是东道国制度越好，越有利于直接投资对东道国经济增长的促进作用（Durham，2004）。主要传导机制为：直接投资企业从原材料的采购、员工的雇用、生产加工以及市场销售都要受到东道国制度的影响。许多东道国的相关制度对直接投资企业在不同方面都给予了一定限制，有的东道国政府会较多干涉外资审批程序和市场经济的运行，对外资企业与

---

① 林岗，刘元春. 诺斯与马克思：关于制度的起源和本质的两种解释的比较 [J]. 经济研究，2000 (06).

东道国本土企业实行差别化待遇。直接投资若想发挥它的经济增长效应，必然对东道国法律的完备性、市场制度的公平透明、政府工作效率、清廉程度、政府对待外资的政策等方面都提出了更高的要求。如果东道国制度良好，直接投资企业就有一个较好的外部环境进行生产和经营活动，减少交易成本，使投资企业各项资源得到充分的发挥，提高外资的投入产出率，强化外资为东道国带来的经济增长效应。反之，如果东道国制度较差时，直接投资企业必须将部分资源和人力物力用于应对东道国制度风险，会变相增加投资企业的进入成本、投资执行成本、交易成本和风险抵御成本等，较差的东道国制度不仅阻碍潜在的投资项目和投资机会，还使得资源配置效率降低，制度风险的存在甚至对直接投资者来说有着资本灭失的风险。另一种作用是充分考虑到中国具有发展中国家直接投资的特点，认为东道国制度越好，反而越不利于直接投资企业在东道国的投资活动。东道国制度越不理想，越可以帮助投资企业越过当地的制度障碍，减少制度摩擦，降低直接投资的制度成本，对投资活动有一定的推动作用（蒋冠宏等，2012；胡兵等，2014；王永钦等，2014），强化直接投资对东道国经济增长的促进作用。

对投资母国来说，东道国制度的优劣对于直接投资活动的母国经济增长效应也有着非常重要的影响。一方面，如果东道国制度良好，能够为母国投资企业减少信息不对称的风险，降低市场准入门槛，放松直接投资的竞业限制，允许对外直接投资进入到更多产业，给予投资企业和东道国当地企业同等的待遇，保证市场的有效公平竞争，保障投资企业在东道国投资活动的顺利进行，提高投资企业的收益，且在投资企业收入汇出限制、外资在东道国融资等方面都限制较少，允许投资企业能够自由地将投资利润汇回母国，通过直接投资为母国带来更多的回报。反之，如果东道国制度较差，投资国的投资活动会面临较大的制度风险，随时都有投资活动亏损或撤资的可能性，为投资国的经济增长带来巨大风险。另一方面，来自发展中国家尤其是中国的直接投资有着 "特殊性"（Buckley，2007），如果东道制度建设完善，市场成熟，来自发展中国家的直接投资反而不具有竞争优势，在东道国制度不稳定的欠发达地区，来自发展中国家的直接投资却具有相对的竞争优势，能够顺利开展直接投资活动，获得预期的投资利润（Holburn & Zelner，2010）。

从以上分析可知，东道国制度的优劣对直接投资与双边经济增长关系调节作用的最终结果具有不确定性，要根据投资国经济发展情况、东道国经济发展情况以及东道国制度情况而定，但可以肯定的是东道国制度的优劣对于直接投资发挥它的双边经济增长效应是有一定影响的。

3.2.2　双边文化交流对直接投资与双边经济增长关系调节作用的传导机制

根据新制度经济学，制度可以分为正式制度和非正式制度。正式制度包括国家正式发布的法律法规以及相关的制度安排，非正式制度主要指道德、习俗和文化等。在非正式制度中，文化因素又占据主要位置。

对东道国来说，一方面，投资企业大部分投资活动都在东道国范围内进行，对东道国的依赖程度较高，东道国对投资企业的接受程度决定了直接投资活动能否顺利进行。对投资企业来说，想在东道国顺利进行投资活动也必须要尊重东道国的文化，考虑到两国民族文化的差异性。如果投资国和东道国有着频繁的双边文化交流，两国人民对各自的文化和语言有了进一步的认识，更容易融入对方，彼此产生高度的"文化认同感"和"文化亲进度"，更有利于直接促进企业投资业务的本土化经营，在一定程度上降低了投资企业因文化差异而产生的风险与成本，帮助投资企业快速开拓了东道国市场，有利于投资活动在东道国的顺利开展（许陈生等，2016；连大祥，2012）。另一方面，双边文化交流也是双边公共外交的一种重要手段之一。外交活动增强了东道国和投资国的友好政治关系（郭烨等，2016），东道国会给予来自投资国的直接投资一定的优惠或政策层面的保障，有利于投资活动在东道国的顺利开展和直接投资各项资源要素的"溢出效应"，强化直接投资为东道国带来的经济增长。

对投资国来说,首先,由于双边文化交流的增多,避免了双边文化差异对投资活动造成的影响,降低了投资成本(Melitz, 2008; Lopez, 2010);避免了语言差异造成的员工沟通障碍,减少了投资活动的不确定性,有利于直接投资活动经济收益的增加,通过传导机制带动了母国经济增长。其次,双边文化交流为直接投资企业提供了东道国投资政策咨询的平台,投资企业可以对东道国市场进行全方位、多角度的了解,减少投资企业对东道国信息搜索的支出和时间成本,增加投资收益。最后,双边文化交流可以降低由于文化差异而造成的巨额合同执行成本和诉讼费用。直接投资企业在投资活动中,会随着对东道国环境的熟悉和投资策略的变动不断调整执行合同,确保投资活动的顺利进行。如果投资发生争议更有可能在东道国进行友好协商和诉讼。友好协商相对于诉讼成本低,耗时短,更是长期合作的保证,但友好协商往往是建立在彼此文化认同的基础上,所以加强双边文化交流有利于抵御投资企业在合同执行中的处理成本和风险,增加企业投资利润。

从以上分析可以看出,双边文化交流对于直接投资与双边经济增长的关系是有重要影响的。

3.2.3 东道国基础设施对直接投资与双边经济增长关系调节作用的传导机制

较多文献认为一国或者地区的基础设施建设水平直接关系到其经济发展,且基础设施建设对经济增长有"正向"的促进作用。

对于东道国来说,基础设施建设的优劣对于直接投资的经济增长效应有着重要的影响,其传导机制也是多种作用叠加而成。一种作用是东道国基础设施越好越有利于对外直接投资的顺利开展。主要传导机制为:首先,良好的基础设施能够完善东道国投资环境,减少生产要素流动的时间,降低生产要素的运输成本和交易费用,进而促进投资企业要素生产率的提高，对东道国经济增长和人民生活水平的提高有着正向的溢出作用（Gannon & Liu，1997；Cohen & Paul，2004）。其次，如果东道国基础设施建设良好，东道国便能吸引到更多高附加值、高技术含量的直接投资活动，这对提高东道国经济增长是有非常重要作用的。但如果东道国基础设施环境较差，那么东道国想要吸引外资到本国则困难重重，更不利于直接投资活动在东道国的展开（徐宏伟，2012）。最后，基础设施建设情况与一国的投资、贸易便利化水平息息相关（方小丽等，2013），如果能与世界各国互联互通，那么，其他国家与东道国进行贸易、投资的"门槛"会相对较低，有利于东道国与全球其他国家的连接，提高东道国贸易投资便利化程度，吸引更多外资。另一种作用是东道国基础设施越差，基础设施市场越有投资潜力，就越能够吸引到更多的改善东道国基础设施建设的投资，通过基础设施的改善拉动东道国的经济增长。例如，三井（Mitsui，2004）研究发现 20 世纪 90 年代的越南交通基础设施匮乏，但却吸引了大量用于改善当地公路和海港建设的海外投资，进而推动了越南地区经济增长和就业。

对投资国来说，一方面，东道国基础设施越好可能越有利于对外直接投资活动的顺利开展：如果东道国基础设施建设较好，对外直接投资活动所需要的原材料采购、相关人员输出和信息技术的交换等活动的成本将大大降低。反之，对外直接投资活动的风险和成本将大幅提升，不利于直接投资企业投资活动的展开，更不利于投资利润的增加。另一方面，如果东道国基础设施建设并不理想，但从另一层面也意味着东道国基础设施建设市场有着巨大的投资潜力（崔岩等，2017），如果能够抓住这一机遇对东道国进行基础设施投资，改善东道国基础设施，会为投资母国开辟一条对外直接投资之路，扩展国外投资市场，促进母国经济发展。

由以上分析看来，东道国基础设施的完善程度对直接投资与双边经济增长关系影响的最终结果并不明确，要视投资国经济发展、东道国基础设施发展等情况而定。但可以肯定的是东道国基础设施的优劣确实可以影响直接投资对双边经济增长作用的发挥。

3.2.4 东道国生态环境对直接投资与双边经济增长关系调节作用的传导机制

较多文献都在讨论东道国生态环境对其经增长以及对外直接投资对东道国生态环境的影响，较少文献关注东道国生态环境是如何影响直接投资与经济增长关系的。

对东道国来说，东道国生态环境对直接投资及其经济增长关系的影响是多种作用叠加的结果。一方面，如果东道国生态环境较好，直接投资进入东道国就必然会受到更高环保标准的约束和更高的企业投资环保门槛。为了达到这一标准，企业本身就要有更强的环保倾向，在生产过程中采用更先进的排污与防污处理技术。但环保的高标准必然会增加投资企业的治污成本，降低了投资企业的收益，对外资的进入造成一定的负面影响，也会间接影响到东道国的经济发展。另一方面，如果东道国生态环境良好或者生态环保标准较高，为了满足东道国的环保标准，外资企业会不断提高环保技术水平，由直接投资产生的正向技术溢出效应和管理经验对淘汰东道国落后产能，优化其产业结构，改善东道国环境有着一定正面影响（谭畅，2015），东道国相关行业也可以通过竞争和学习外资企业的先进环保技术和管理经验带给其经济发展一定促进作用。这些影响效应或正或负，其叠加结果便是东道国生态环境对直接投资与东道国经济增长关系的影响。

对投资国来说，东道国生态环境对直接投资和母国经济增长关系的调节作用结果也是不确定的。一方面，东道国生态环境越好或者生态环保标准越高，投资进入的环保门槛越高，外企势必要增加其在东道国的环保成本，如此一来增加了企业的投资成本，降低了投资收益，不利于其对母国经济增长的促进作用。另一方面，如果东道国生态环境良好，意味着东道国对外来投资的环保标准也较高，如果想要顺利进入东道国投资，投资企业必须提高自身的环保意识和环境治理技术，如此一来投资企业不仅顺利进入东道国，树立了母国投资企业的良好国际形象，而且还可以通过对外直接投资的逆向技术溢出，提升母国对该技术的吸收、利用和再创新，并通过投资利润的跨国传导带动母国经济增长。

由此看来，东道国生态环境的优劣对直接投资与双边经济增长关系调节作用的最终结果并无统一的定论，但是可以肯定的是东道国生态环境的优劣对直接投资与双边经济增长关系是有重要影响的。

综上所述，对外直接投资不仅能促进双边经济增长，而且一些外在因素可以影响对外直接投资与双边经济增长的关系。

影响机制如图 3.1 所示。

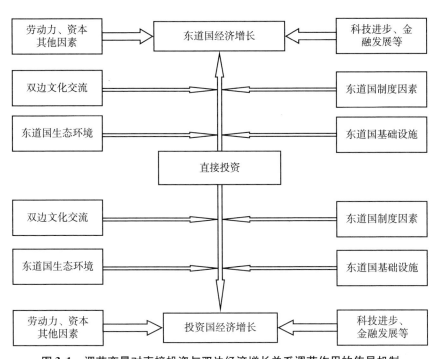

图 3.1　调节变量对直接投资与双边经济增长关系调节作用的传导机制

为综合评估在"一带一路"背景下，中国直接投资对双边经济增长的作用以及调节变量对这一作用的影响，本书将分别以"一带一路"东道国经济增长和中国经济增长作为因变量，采用索洛经济增长模型作为后文实证模型建立的理论基础，对以上问题在理论分析基础上进行实证检验。索洛模型从生产函数着手，把经济增长率分解为技术进步率和要素投入增长率之和，且此模型长期以来被用于分析经济增长的理论分析和经济增长的政策研究，对经济增长问题研究的影响是广泛和深远的，后期许多经济学家又对该模型不断放宽并加以完善。以下就是对索洛经济增长模型及其扩展应用的简单介绍。

3.3 索洛经济增长模型及其扩展应用的简单介绍

1957 年，美国经济学家索洛在他的论文中将经济增长率分成了两个重要的组成部分即技术进步率和要素投入增长率之和。这一论证对于研究经济增长问题的影响是极为深远的。索洛经济增长模型描述了在完全竞争市场条件下，一国经济增长是由资本和劳动力的投入所引起的，这一生产函数最终会达到一个稳态，在假设储蓄率不变、人口增长率不变和技术水平不变的前提下，索洛经济增长模型刻画了一个一般动态均衡模型。

3.3.1 索洛经济增长模型的简单介绍

1. 索洛经济增长模型的基本假设

索洛模型假设一国储蓄全部用于投资、投资的规模收益是常数、资本和劳动相互替代的。该模型的数学表达式为 $Y = A \times F(K, L)$，其中：$\Delta K = SY - \delta K$，K 表示资本、L 表示劳动、A 表示技术水平、S 表示储蓄、δ 表示折旧率。

2. 索洛经济增长模型的理论分析

索洛经济增长模型中 Y 表示产出，K 和 L 分别表示生产过程中的资本和劳动力的投入，t 表示时间，此时生产函数可以写为：

$$Y = F(K, L, t) \tag{3.1}$$

我们假设技术进步是希克斯中性的，并在模型中加入技术进步变量，则生产函数变成：

$$Y = A(t)f(K, L) \tag{3.2}$$

对方程（3.2）两边对 t 求全微分，可得：

$$\dot{Y} = \dot{A}f(K, L) + A \times \frac{\partial f}{\partial K} \times \dot{K} + A \times \frac{\partial f}{\partial L} \times \dot{L} \tag{3.3}$$

在方程（3.3）两边同除以 Y 可以得到方程（3.4）：

$$\frac{\dot{Y}}{Y} = \frac{\dot{A}}{A} + Wk\frac{\dot{K}}{K} + WL\frac{\dot{L}}{L} \tag{3.4}$$

方程（3.4）为总产量增长率的一个表述方程。其中，$WK = \frac{\partial Y}{\partial K} \times \frac{K}{Y}$、$WL = \frac{\partial Y}{\partial L} \times \frac{L}{Y}$ 分别代表了资本和劳动的产出弹性系数，$\frac{\dot{Y}}{Y}$ 为产出的增长率，$\frac{\dot{A}}{A}$ 为科学技术增长率，$\frac{\dot{K}}{K}$ 和 $\frac{\dot{L}}{L}$ 分别代表资本增长率和劳动增长率。

从索洛经济增长模型可知，经济增长的源泉在于技术进步、资本的积累以及劳动力数量的增加。

3. 索洛经济增长模型的结论

索洛模型最终得出经济增长的路径是稳定的，若想提高经济增长，必须鼓励技术创新，提高人力资本。通过公式的推导可以看出索洛模型非常直观地表达了经济增长的来源。但由于索洛模型的前提假设条件过于苛刻，在现实生活中基本无法满足，人们为了扩大它的适用性，不得不在使用过程中对它进行扩展。

3.3.2 索洛经济增长模型的扩展

本研究将对索洛经济增长模型进行一定的扩展，以提高其普遍适用性。设总生产函数为：

$$Y = F(K, \ L, \ R, \ H, \ t) \tag{3.5}$$

方程（3.5）中，Y 代表总产出；K 为物质资本的投入；L 为简单劳动的投入；R 为知识资本存量；H 为人力资本的投入；t 表示时间。

对方程（3.5）两边对 t 求全微分得：

$$\dot{Y} = \frac{\partial F}{\partial K}\dot{K} + \frac{\partial F}{\partial L}\dot{L} + \frac{\partial F}{\partial R}\dot{R} + \frac{\partial F}{\partial H}\dot{H} + \frac{\partial F}{\partial t}\dot{t}$$

在上式两端同除以 Y 得：

$$\frac{\dot{Y}}{Y} = \frac{1}{Y}\frac{\partial F}{\partial t} + \frac{\partial F}{\partial t}\frac{K}{Y}\frac{\dot{K}}{K} + \frac{\partial F}{\partial L}\frac{L}{Y}\frac{\dot{L}}{L} + \frac{\partial F}{\partial R}\frac{R}{Y}\frac{\dot{R}}{R} + \frac{\partial F}{\partial H}\frac{H}{Y}\frac{\dot{H}}{H}$$

即

$$\frac{\dot{Y}}{Y} = \frac{1}{Y}\frac{\partial F}{\partial t} + e_K\frac{\dot{K}}{K} + e_L\frac{\dot{L}}{L} + e_R\frac{\dot{R}}{R} + e_H\frac{\dot{H}}{H} \tag{3.6}$$

令 $e_K = \frac{\partial F}{\partial K}\frac{K}{Y}$ $e_L = \frac{\partial F}{\partial K}\frac{L}{Y}$ $e_R = \frac{\partial F}{\partial K}\frac{R}{Y}$ $e_H = \frac{\partial F}{\partial K}\frac{H}{R}$

其中，e_K、e_L、e_R、e_H 分别代表物质资本的产出弹性、简单劳动的产出弹性、知识资本的产出弹性和人力资本的产出弹性。

根据方程（3.6）的类似方法可以进行推导得出：

$$\frac{\dot{Y}}{Y} = \frac{\dot{\lambda}}{\lambda} + \frac{eK}{e}\frac{\dot{K}}{K} + \frac{eL}{e}\frac{\dot{L}}{L} + \frac{eR}{e}\frac{\dot{R}}{R} + \frac{eH}{e}\frac{\dot{H}}{H} \tag{3.7}$$

其中，$\frac{\dot{\lambda}}{\lambda}$ 是 K、L、R 和 H 四种投入要素单个要素生产率增长率的加权平均数，具体表达式为：

$$\frac{\dot{\lambda}}{\lambda} = \frac{eK}{e}\frac{\dot{\lambda K}}{\lambda K} + \frac{eL}{e}\frac{\dot{\lambda L}}{\lambda L} + \frac{eH}{e}\frac{\dot{\lambda H}}{\lambda H}$$

其中，$\lambda_K = \dfrac{Y}{K}$、$\lambda_L = \dfrac{Y}{L}$、$\lambda_R = \dfrac{Y}{R}$、$\lambda_H = \dfrac{Y}{H}$ 分别是 K、L、R 和 H 的单要素生产率，e 为规模弹性，即 $e = e_K + e_L + e_R + e_H$。

方程（3.7）可以看作方程（3.4）的扩展，它充分表达了一国经济增长的来源：一部分是投入要素造成的增长，主要来源是物质资本的投入、简单劳动的投入、科技资本的投入和人力资本的投入；另一部分是四种要素综合生产率的增长。

在使用索洛经济增长模型的过程中，可以根据具体情况不断放宽原来的假设条件，加入所要研究的核心要素，如此便可以利用索洛经济增长模型研究不同要素在经济增长中的作用，为扩展经济增长理论提供有效工具。

3.3.3　直接投资对产出的影响——基于索洛经济增长模型的扩展

在最初的索洛经济增长模型中，假定生产函数中只有 3 个自变量，即经济增长只需要时间、资本和劳动力的投入。但随着生产方式的不断变化和生产力水平的提高，科技进步、政策、文化等因素都会影响经济增长，有些要素对经济增长的影响是直接的，有些是间接的。因此在研究一个国家的经济增长时，可以根据具体情况以及所研究问题进行自变量的调整，可以把一些影响经济增长的要素放入模型中，提高索洛模型的普遍应用性。

本书的研究是在"一带一路"背景下，中国直接投资对双边经济增长的影响以及相关调节变量对两者关系的调节作用，因此可以将核心解释变量中国对共建"一带一路"国家直接投资额作为自变量纳入索洛经济增长模型中，并分别以东道国经济增长和投资母国经济增长作为因变量进行回归分析，重点分析直接投资对经济增长的作用。本节将以扩展的索洛增长模型作为理论基础，试图在索洛经济增长模型中纳入直接投资变量，并构建后文实证分析所用的理论模型。

根据前文对直接投资与经济增长关系的相关理论分析可知，直接投资对一国经济发展的影响是多方面的，例如：直接投资带来了技术的进步，促进了产业升级，直接投资带来了资本存量的增加，直接投资促进了一国劳动生产率的提高等。所以，本书将直接投资分为两部分纳入索洛经济增长模型：一部分影响一国总资本存量，将它视为总资本的组成部分；另一部分影响一国全要素生产率。[①] 据此索洛经济增长模型可以写为如下形式：

$$Y(t) = A(t)[K(t)^{\beta}FDI(t)^{1-\beta}]^{\alpha}L(t)^{1-\alpha} \qquad (3.8)$$

其中，$Y(t)$ 表示产出，$K(t)$ 表示物质资本存量，$FDI(t)$ 表示直接投资，$L(t)$ 表示劳动力，$A(t)$ 表示全要素生产率。本书根据李有 (2009) 和刘强 (2014) 的研究成果，假设直接投资对全要素生产率的影响函数为：$A(t) = A(0)e^{gt}X(t)^{\theta}$，$X(t)$ 表示直接投资占产出的比重 $X(t) = \dfrac{FDI(t)}{Y(t)}$，$\theta$ 表示直接投资对全要素生产率的影响程度，g 表示其他因素以外生速度 g 影响全要素生产率，即 $\dfrac{\dfrac{dA(t)}{dt}}{A(t)} = g$。假设 $Z(t) = [K(t)^{\beta}FDI(t)^{1-\beta}]$ 为总资本投资，它由物质资本和直接投资两部分决定 (王新阳，2007；杨超等，2008)，则方程 (3.8) 可以写为：

$$Y(t) = A(t)Z(t)^{\alpha}L(t)^{1-\alpha} \qquad (3.9)$$

定义 $y(t) = \dfrac{Y(t)}{A(t)L(t)}$ 表示单位有效产出，$z(t) = \dfrac{Z(t)}{A(t)L(t)}$ 表示单位有效投资。根据以上定义，方程 (3.9) 可以写为：

$$y(t) = \frac{Y(t)}{A(t)L(t)} = \left[\frac{Z(t)}{A(t)L(t)}\right]^{\alpha}A(t)^{\alpha} = z(t)^{\alpha}A(t)^{\alpha} = [A(t)z(t)]^{\alpha}$$

$$(3.10)$$

方程 (3.10) 表达了在加入直接投资变量后，可以从有效人均产

---

① 西方经济增长文献中通常使用全要素生产率这个词汇，泛指全部要素生产率的提高，包括了通常理解的科学技术进步以外，还包括组织管理技术进步、资源配置效率提高等。

出看出来全要素生产率不再是希克斯中性的，而是倾向于资本的技术进步。方程（3.10）表明一国人均产出与一国的人均总资本 $z(t)$（由人均物质资本和人均直接投资共同决定）、全要素增长率（由直接投资和其他因素共同决定）息息相关，所以直接投资可以通过影响一国的资本存量和全要素生产率促进一国产出的增长。

从以上理论分析可以推导出直接投资对经济增长的影响，为了全面考虑问题，本书参照覃兰静等（2012）、贺磊宏等（2013）等的处理方法，在索洛模型中加入直接投资变量 FDI 和调节变量 M，则索洛模型可以写为如下形式：

$$Y(t) = A(t)\left[K(t)^{\beta}FDI(t)^{1-\beta}\right]^{\alpha}L(t)^{\varphi}M(t)^{\lambda}\left[FDI(t)M(t)\right]^{1-\alpha-\varphi-\lambda}$$

$$(3.11)$$

其中，$Y(t)$ 表示产出；$K(t)$ 表示物质资本；$FDI(t)$ 表示直接投资；$A(t)$ 表示全要素生产率；$L(t)$ 表示劳动力；$M(t)$ 表示调节变量，$Z(t) = \left[K(t)^{\beta}FDI(t)^{1-\beta}\right]$ 代表总资本，总资本由物质资本和直接投资共同决定（杨超等，2008），$X(t) = FDI(t)M(t)$ 为直接投资与调节变量的交互项，代调节变量对直接投资经济增长效应的调节作用。根据前文假设，$A(t) = A(0)e^{gt}\left[\dfrac{FDI(t)}{Y(t)}\right]^{\theta}$（李有，2009；刘强 2014），$\theta$ 代表直接投资对全要素生产率的影响，$FDI(t)$ 表示直接投资，g 表示其他因素以外生速度 g 影响全要素生产率。将 $A(t) = A(0)e^{gt}\left[\dfrac{FDI(t)}{Y(t)}\right]^{\theta}$ 代入方程（3.11）两边，同时取对数可得：

$$(1+\theta)\ln Y(t) = \ln A(0) + gt + \theta\ln FDI(t) + \alpha\ln Z(t)$$
$$+ \varphi\ln L(t) + \lambda\ln M(t) + (1-\alpha-\varphi-\lambda)X(t) = \ln A(0) + gt + \theta\ln FDI(t)$$
$$+ \alpha\ln\left[K(t)^{\beta}FDI(t)^{1-\beta}\right] + \varphi\ln L(t) + \lambda\ln M(t) + (1-\alpha-\varphi-\lambda)X(t)$$
$$= \ln A(0) + gt + \left[\theta+\alpha(1-\beta)\right]\ln FDI(t) + \alpha\beta\ln K(t)$$
$$+ \varphi\ln L(t) + \lambda\ln M(t) + (1-\alpha-\varphi-\lambda)X(t)$$

$$(3.12)$$

将方程（3.12）两端对 t 求全导数：

$$\frac{(\theta+1)}{Y}\frac{\mathrm{d}Y}{\mathrm{d}t} = g + \frac{\theta}{FDI}\frac{\mathrm{d}FDI}{\mathrm{d}t} + \frac{\alpha}{Z}\frac{\mathrm{d}Z}{\mathrm{d}t} + \frac{\varphi}{L}\frac{\mathrm{d}L}{\mathrm{d}t} + \frac{\lambda}{M}\frac{\mathrm{d}M}{\mathrm{d}t} + \frac{(1-\alpha-\varphi-\lambda)}{X}\frac{\mathrm{d}X}{\mathrm{d}t}$$

$$= g + \frac{[\theta+\alpha(1-\beta)]}{FDI}\frac{\mathrm{d}FDI}{\mathrm{d}t} + \frac{\varphi}{L}\frac{\mathrm{d}L}{\mathrm{d}t} + \frac{\alpha\beta}{K}\frac{\mathrm{d}K}{\mathrm{d}t} + \frac{\lambda}{M}\frac{\mathrm{d}M}{\mathrm{d}t} + \frac{(1-\alpha-\varphi-\lambda)}{X}\frac{\mathrm{d}X}{\mathrm{d}t}$$

$$(3.13)$$

方程（3.13）可以写为：

$$(\theta+1)y = g + \theta f + \alpha z + \varphi l + \lambda m + (1-\alpha-\varphi-\lambda)x$$

$$= g + \varphi l + [\theta+\alpha(1-\beta)]f + \alpha\beta k + \lambda m + (1-\alpha-\varphi-\lambda)x$$

$$(3.14)$$

其中，y 代表产出增长速度；z 代表总资本增长速度；它由物质资本增速和直接投资增速共同决定；l 代表劳动增长速度；f 代表直接投资增长速度；g 代表全要素生产率增长速度；k 代表物质资本的增速；m 代表调节变量的增速；x 代表直接投资和调节变量交互项的变化速度。方程（3.14）表示在考虑了直接投资和调节变量后，一国经济增长的来源：总资本、劳动力、科技进步、直接投资以及由调节变量的调节作用。

综合方程（3.10）和方程（3.14）可以得到，在引入直接投资和调节变量后，一国经济增长的主要因素有物质和人力资本、技术创新、对外直接投资和其他影响经济增长的因素，这也为后文实证模型的建立打下了一定基础。

3.4　本章小结

通过前文的理论回顾，许多学者发现，不同国家的直接投资经济增长效应有着显著的差异性，于是针对是什么因素影响了直接投资的经济增长效应进行了一些研究。较多学者是从东道国人力资本、东道国金融发展、东道国技术等角度去研究它们对直接投资经济增长效应的调节作用。能够以共建"一带一路"国家为研究对象，并且结合这些国家的发展特点，以东道国制度、双边文化交流、东道国基础设施和东道国生态环境等因素为出发点，研究这些变量对直接投资与经济增长关系调节作用的文献较少。通过前文对调节变量影响机制的分析，本书发现多数调节变量虽然对直接投资的双边经济增长效应有着重要的影响，但这一影响的最终结果并不明确，有待根据研究对象的不同进一步地考察分析。所以在后期本书将针对共建"一带一路"国家，对相关调节变量在直接投资与双边经济增长关系中的具体作用进行定量分析。本章最后根据索洛经济增长模型的扩展应用，加入了本书所要研究的直接投资变量、影响直接投资经济增长效应的调节变量，进一步推导了在加入两个变量后，一国经济增长的来源，为后文实证分析奠定了理论基础。

第4章

中国对共建"一带一路"国家
直接投资的现状分析

由第 3 章理论分析可知,直接投资与双边经济增长的关系要受到较多外在因素的影响,且东道国制度、双边文化交流、东道国基础设施和东道国生态环境等变量对直接投资和双边经济增长关系调节作用的最终结果多是不确定的,要根据东道国发展情况、直接投资活动在东道国的具体情况以及母国发展情况等方面共同决定。

共建"一带一路"国家覆盖面大,经济、政治、文化和制度等方面情况都较为复杂,中国对"一带一路"国家直接投资存在较多问题,如:容易遭受东道国制度风险、投资区域分布不平衡、投资行业较为集中等,而这些问题都会影响中国直接投资经济增长效应的发挥。想要全面研究在"一带一路"背景下,中国直接投资对双边经济增长的影响,必须要对中国在共建"一带一路"国家的直接投资情况有所了解。所以本书认为在进行相关理论的实证检验之前,需要对中国对共建"一带一路"国家直接投资的现状,包括直接投资流量额、直接投资存量额、直接投资主体的性质、直接投资目的地分布、直接投资行业分布等相关内容做一个较为详尽的描述和总结,进一步归纳中国企业在共建"一带一路"国家直接投资所面临的问题,为日后的实证分析提供必要的资料。

本章将通过回顾中国对共建"一带一路"国家直接投资的历程，总结中国在共建"一带一路"国家直接投资的特点及存在问题。本章总共分为三部分，第一部分描述中国在共建"一带一路"国家直接投资的现状。第二部分总结现阶段中国对共建"一带一路"国家直接投资可能存在的问题。第三部分为本章小结。

4.1 中国对共建 "一带一路" 国家直接投资的现状

中国对外直接投资活动自改革开放以来实现了新发展，对外直接投资额跃居全球第二，对外承包工程大国的地位不断得到巩固，企业"走出去"规模不断扩大，共建"一带一路"国家成为中国企业对外直接投资的热点区域。自"一带一路"倡议提出以来，中国对共建"一带一路"国家进行了大量直接投资活动，不仅直接投资额增长较快、直接投资政策不断完善、直接投资行业分布也日趋多元化。

共建"一带一路"项目成为深受欢迎的国际公共产品和国际合作平台。截至 2023 年 8 月，中国已与 152 个国家、32 个国际组织签署 200 多份共建"一带一路"合作文件。① 共建"一带一路"项目遍布全球，覆盖范围不断扩大，许多国家都将本国的发展规划与"一带一路"倡议对接。

自 2013 年中国提出"一带一路"倡议以来，中国对共建"一带一路"国家的直接投资流量呈现波动式增长，各方对"一带一路"倡议的建设热情高涨，中国对合作国家的直接投资进入了快车道。

2013～2021 年，中国对共建"一带一路"沿线国家累计直接投资 1640 亿美元。中资企业积极推进共建"一带一路"国家基础设施建设，持续拓展国际运输线路，完善物流网络，促进资源要素跨区域有序流动

---

① 来源于国家发展和改革委员会官网。

和优化配置。中老铁路全线建成通车,希腊比雷埃夫斯港、雅万高铁、匈塞铁路等重点项目取得积极进展,在共建"一带一路"国家建设的境外经贸合作区累计投资431亿美元。共建"一带一路"拉动近万亿美元投资规模,形成3000多个合作项目。①

从图4.1可知,自"一带一路"倡议提出以来,中国对共建国家投资情况总体呈现波动式上升的趋势,除个别年份投资额有所回落以外,其余年份基本都呈现出正向增长的态势,说明中国在共建"一带一路"国家投资情况总体看好。

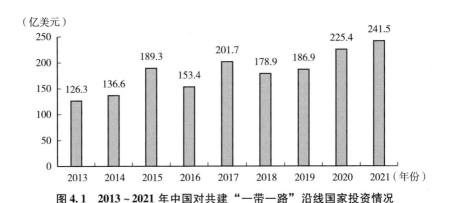

图4.1 2013～2021年中国对共建"一带一路"沿线国家投资情况

资料来源:中国商务部官网。

在投资区位分布上,中国对共建"一带一路"国家的直接投资主要分布在东南亚地区,其次是中东和欧洲地区,对中亚和蒙古国以及南亚的投资相对较少。2022年中国对共建"一带一路"国家直接投资主要投向新加坡、印度尼西亚、马来西亚、泰国、越南、巴基斯坦、阿拉伯联合酋长国、柬埔寨、塞尔维亚和孟加拉国等国家。可见,虽然中国对"一带一路"直接投资分布在沿线诸多国家,但大多数集中在邻近国家,重点在东南亚地区,2021年,我国对共建"一带一路"的直接

---

① 数据来源:中国国家统计局。

投资超过八成集中在东南亚地区, 直接投资的空间分布较为集中。

在投资行业上, 中国对共建 "一带一路" 国家直接投资的行业分布也日趋多样化。中国企业在共建 "一带一路" 国家的投资主要集中在制造业, 批发和零售业等行业。2021 年, "一带一路" 投资中, 流向制造业的投资有 94.3 亿美元, 比上年增长 22.8%, 占 "一带一路" 投资总额的 39%; 流向批发和零售业约 33.3 亿美元, 占 "一带一路" 投资总额的 13.8%; 流向建筑业约 24.1 亿美元, 占 "一带一路" 投资总额的 10%; 流向租赁和商务服务业约 22.9 亿美元, 占 "一带一路" 投资总额的 9.5%; 流向电力/热力/燃气及水的生产和供应业约 18.5 亿美元, 占 "一带一路" 投资总额的 7.7%, 流向交通运输/仓储和邮政业约 16.6 亿美元, 占 "一带一路" 投资总额的 6.9%; 流向金融业约 13.9 亿美元, 占 "一带一路" 投资总额的 5.6%; 流向居民服务/修理和其他服务业约 6 亿美元, 占 "一带一路" 投资总额的 2.5%; 流向科学研究和技术服务业约 5.4 亿美元, 占 "一带一路" 投资总额的 2.2%。[①]

自 "一带一路" 倡议提出以来, 中国对其投资的行业分布较为广泛, 但集中度较高, 未来在投资结构优化方面仍有进一步调整的空间。

在投资主体方面, 中国在共建 "一带一路" 国家直接投资企业以国企为主体, 企业来源地主要集中在北上广地区。

在投资模式方面, 中国企业对 "一带一路" 国家投资以绿地投资为主, 但对 "一带一路" 国家的并购投资增长显著。2021 年, 中国企业在共建 "一带一路" 国家的绿地投资占 "一带一路" 投资的比重超过 70%。但共建 "一带一路" 国家的并购投资快速势头迅猛。从并购增速看, 2021 年, 在共建 "一带一路" 国家并购投资增速远远高于中国对外并购投资的增长速度, 根据商务部的统计, 2021 年, 中国对外投资并购实际交易总额 318.3 亿美元, 比上年增长 12.9%。从并购涉及

---

① 数据来源于《2021 年度中国对外直接投资统计公报》。

项目数量看,在共建"一带一路"国家中,2021年涉及实施的并购项目有92例,占中国对外投资并购项目总量的18.2%。① 从并购涉及的行业看,中国企业在共建"一带一路"国家的并购涉及电力/热力/燃气及水的生产和供应业、制造业、采矿业等行业大类。

由表4.1可知,从前十大项目来看,大部分对外直接投资企业都是国有企业等大型企业,这类企业资本雄厚,人才储备充足,能够较好地抵御投资风险。在投资方式上,并购和绿地投资的个数基本持平。在投资项目上也如前文分析的一致,较多集中在基础设施行业。这一现状充分表明了中国现阶段对共建"一带一路"国家直接投资的主体仍是以国有企业为主,这与中国在共建"一带一路"国家投资产业和项目多集中在基础设施行业和制造业等风险较大的行业不无关系,也说明中国应鼓励民营企业,尤其是中小型企业积极"走出去"参与共建"一带一路"国家的直接投资活动。

表4.1 2015～2016年上半年中国对共建"一带一路"国家前十大投资项目

序号	投资者	东道国	投资额（亿美元）	持股比例（%）	产业	模式
1	中国广核集团	马来西亚	23	100	能源	并购
2	珠海振戎	缅甸	21	70	能源	并购
3	中铁股份有限公司	马来西亚	20.1	—	运输	绿地
4	上海国际港务	以色列	19.9	—	运输	并购
5	中润资源投资股份有限公司	蒙古国	19.4	—	矿产	并购
6	江苏长电科技股份有限公司	新加坡	16.6	100	技术	并购
7	珠海港控股集团有限公司	巴基斯坦	16.2	—	运输	绿地
8	中民国际控股有限公司	新加坡	15	—	金融	绿地
9	中石化	俄罗斯	13.4	10	运输	并购
10	神华集团	印度尼西亚	13.2	70	运输	绿地

资料来源:Heritage Foundation 相关数据统计、《中国对外直接投资与国家风险报告(2017)》,"—"表示数据不详。

---

① 资料来源于《2021年度中国对外直接投资统计公报》。

综上所述，自 "一带一路" 倡议提出以来，中国直接投资流量额出现带波动的增长，总体呈上涨趋势。中国对共建 "一带一路" 国家直接投资区域分布相对集中，主要集中在东盟地区。中国对共建 "一带一路" 国家直接投资的行业分布逐渐多样化，但制造业、批发零售、能源、交通运输、金属等行业还是具有相当的份额。投资主体多集中在大型国有企业，中小型企业对共建 "一带一路" 国家直接投资参与度不够。

4.2　中国对共建 "一带一路" 国家直接投资中存在的问题

尽管中国 "一带一路" 倡议受到了世界各国和参与国家的高度关注，但随着金融危机的持续影响，各国经济普遍低迷，需求下降，中国在共建 "一带一路" 国家的直接投资中仍存在不少问题。

1. 不确定因素仍然存在，投资风险与收益并存

部分共建 "一带一路" 国家局势动荡，营商环境较差使得中国企业直接投资活动面临很多的风险，而中国在共建 "一带一路" 国家直接投资领域也多为敏感行业，外加中国企业抵御风险意识不强，都为中国在共建 "一带一路" 国家开展直接投资活动造成了一定的阻碍。

2. 投资区域相对集中

从前文可以看出，2022 年中国对共建 "一带一路" 国家的直接投资主要集中在东南亚国家，而在东南亚国家中吸引中国直接投资最多的是新加坡。2022 年中国与东南亚互为重要的投资来源地和目的地。中国对共建 "一带一路" 国家直接投资的目的地相对集中。

3. 投资主体和投资行业相对单一

从前文可以看出，中国对共建 "一带一路" 国家直接投资主体主要集中在大型国有企业。国有企业在资金实力、技术实力和人员配备都具有相对优势，且抵抗风险能力较强，所以在共建 "一带一路" 国家直接投资中占据优势。相较之下，其他类型企业尤其是中小型企业抗击风险能力较差，外加中国企业在共建"一带一路"国家直接投资项目多集中在基础设施等领域，本就面临较大的风险，所以出现了投资主体较为单一的局面。

在投资行业方面，中国在共建"一带一路"国家直接投资行业主要集中在制造业、批发零售、能源、交通运输、金属等行业，尤其在某些亚洲国家，中国的能源投资占据了相当的比例，说明中国在共建"一带一路"国家的直接投资行业相对单一，技术密集型和资本密集型直接投资的输出相对不足。

4. 中资企业在共建"一带一路"国家容易遭遇双边文化冲突的风险

共建"一带一路"国家处于多文明的交汇处，意识形态差距较大，语言差异明显，被普遍认可的官方语言单一，且宗教和种族冲突严重，有的区域甚至还存在部落势力对政府权威的挑战，在一定程度上阻碍了中国对共建"一带一路"国家的直接投资。

5. 中资企业在共建"一带一路"国家容易遭遇东道国生态环境的风险

中资企业在共建"一带一路"国家直接投资活动中经常会受到"环境威胁论"的指责。一方面由于中国对共建"一带一路"国家的直接投资主要集中在制造业、能源、基础设施等污染相对严重的行业，对共建"一带一路"国家的生态环境造成了一定负面影响。另一方面，共建"一带一路"国家生态环境本就相对脆弱，虽然能源较为丰富，但大量能源用于电力开发，共建"一带一路"国家自身的能源消耗量就很大。基于以上原因，共建"一带一路"部分东道国对于中国直接投资活动有着严格的生态环保标准限制，在一定程度上对中国企业的直接投资形成了障碍。

6. 中资企业在共建"一带一路"国家容易遭遇东道国制度风险

共建"一带一路"国家各方面发展水平差异较大，中国直接投资要想顺利推进，离不开东道国制度的保驾护航。中国在共建"一带一路"国家的直接投资多集中在基础设施领域，而基础设施建设相对一般投资活动耗时长、风险大，更容易受到东道国制度的影响。中国在共建"一带一路"国家很多基础设施项目都由于东道国制度因素受阻、被迫推迟或者撤资。可见，东道国制度是影响中国在共建"一带一路"国家直接投资的重要因素。

4.3　本章小结

本章通过回顾中国对共建"一带一路"国家直接投资的现状可知，虽然中国对共建"一带一路"国家的直接投资活动进入了发展的"快车道"，但中国对这些国家的直接投资活动仍存在诸多问题和风险，例如，投资目的地和投资主体过于集中、投资收益和风险并存、容易遭受文化差异和生态风险等，说明日后中国企业在共建"一带一路"国家直接投资中应防范和注意的问题还有很多。由于现阶段中国在共建"一带一路"国家直接投资存在较多的风险和潜在问题，而这些问题可能是投资企业在其他国家所少见的，因此在"一带一路"倡议背景下，分析中国直接投资对双边经济增长的影响时，要充分考虑到中国在共建"一带一路"国家直接投资的现状和共建"一带一路"国家发展的特点选择调节变量，这一定性分析结果也与第 1 章调节变量的选取和第 3 章理论和影响机制的分析相呼应，为后文定量分析中国直接投资对双边经济增长的影响奠定基础。

第5章

中国对共建"一带一路"国家直接投资与东道国经济增长的关系研究

随着中国经济发展水平的提高，中国企业"走出去"的步伐大大加快，出现了大量关于中国直接投资对经济增长影响的研究，但这些研究多是以中国对外直接投资的全部国家为研究对象，所得结论未必适用于中国在共建"一带一路"国家直接投资的经济增长问题。共建"一带一路"国家有着许多非共建"一带一路"国家所没有的特征，比如投资风险高、经济发展水平相对较低、发展中国家居多、国家之间文化和宗教冲突明显、投资贸易便利化程度较低等。

基于第3章对相关理论的回顾，本书发现直接投资对经济增长的影响有着明显的国家差异性。直接投资的经济增长效应受到较多因素的影响，如制度、金融发展水平、文化等。同时各项调节变量对直接投资经济增长效应影响的最终结果是不确定的，要根据东道国发展情况、投资国发展情况以及直接投资在东道国的进展情况等综合分析。在"一带一路"背景下，中国直接投资若想发挥它的经济增长效应，必须全面考虑到其他因素的影响，而这些因素可能多是共建"一带一路"国家所特有的，不同于其他国家和地区的特征。所以，在"一带

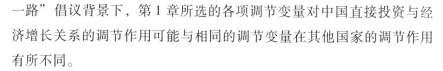

一路"倡议背景下，第 1 章所选的各项调节变量对中国直接投资与经济增长关系的调节作用可能与相同的调节变量在其他国家的调节作用有所不同。

第 4 章中国对共建 "一带一路" 国家直接投资的现状分析可知，现阶段中国对 "一带一路" 国家的直接投资存在不少问题与风险，如投资区域和投资行业过于集中、东道国营商环境和制度较差、双边文化差异较大等，这些因素与潜在风险都对中国直接投资发挥其经济增长效应有着一定影响，所以若想全面研究在 "一带一路" 倡议背景下，中国直接投资与双边经济增长的关系，就不得不结合共建 "一带一路" 国家发展的特点以及中国在共建 "一带一路" 国家直接投资现状去考虑。

综上所述，经过前文理论回顾和定性分析，本章选择从东道国制度、双边文化交流、东道国基础设施和东道国生态环境等方面入手，有针对性地研究 "一带一路" 背景下中国直接投资对东道国经济增长的影响，以及上述调节变量对中国直接投资与东道国经济增长关系中的调节作用。

本章将作如下安排：第一部分为本章实证模型的介绍，包括模型建立、变量选取和数据来源等。第二部分分析在 "一带一路" 背景下，中国直接投资对东道国经济增长的影响以及本文选择的调节变量对中国直接投资与东道国经济增长关系的调节作用。第三部分将进一步检验，经过关键变量的替换，检验前期基准回归的稳健性。第四部分将进一步分析在 "一带一路" 背景下，各项调节变量的调节作用是否会因为双边投资协定的签订和东道国贸易便利化程度不同而有所差异。第五部分，以非共建 "一带一路" 样本国家为对照，分析各项调节变量的调节作用是否与共建 "一带一路" 国家不同。第六部分为本章小结，对本章的实证结果进行总结。

5.1 模型设定

5.1.1 模型的建立以及变量的选取

根据第 3 章将直接投资变量和调节变量引入索洛经济增长模型的数理推导,并且结合前文经济增长影响因素的文献回顾和调节变量的传导机制,本章实证研究的依据框架如图 5.1 所示。

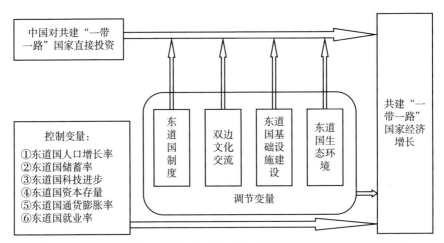

图 5.1 中国直接投资对共建 "一带一路" 国家经济增长影响的研究框架

根据第 3 章的理论模型和图 5.1 的研究框架,本章建立以下回归模型:

$$\text{Ln}gdp_{i,t} = \alpha + \beta_1 \text{Ln}gdp_{i,t-1} + \beta_2 \text{Ln}X_{it} + \beta_3 M_{it}$$
$$+ \beta_4(\text{Ln}X_{it} \times M_{it}) + \beta_5 Z_{i,t} + f_i + \varepsilon_{it} \tag{5.1}$$

方程 (5.1) 各个变量的具体介绍如下:

因变量 gdp_{it} 表示共建 "一带一路" 国家 i 在 t 年的人均 gdp(单位:

现价美元）；gdp_{it-1} 表示共建 "一带一路" 国家 i 在 $t-1$ 年的人均 gdp，Ln 表示对该变量取对数。

其中：（1）X_{it} 为核心解释变量，代表中国 t 年对共建 "一带一路" 国家 i 直接投资存量额（单位：万美元）（Liang，2006；Perkins & Neumayer，2009；李京晓，2013；李坤，2016），Ln 表示对该变量取对数。

（2）M_{it} 为调节变量，主要有：东道国制度、双边文化交流、东道国基础设施以及东道国生态环境变量。

（3）sys_{it} 代表共建 "一带一路" 国家 i 在 t 年的东道国制度情况。本书采用全球治理数据库（WGI）发布的东道国制度指标（Kaufmann，2011；黄卫东，2016；杨娇辉，2016），由于 WGI 发布的东道国制度指标有 6 项（取值范围为 $-2.5 \sim 2.5$），若将其和中国直接投资的交互项全部纳入方程中，会大大增加自变量个数，鉴于样本容量有限，在此将每年 WGI 发布的 6 项制度指标取算术平均数，作为当年该国东道国制度的代表纳入模型之中，以解决自变量太多而无法估计的难题（邵军等，2008；孙乾坤，2017）。

本书参考盛宁（2016）和谢孟军（2017）的做法，双边文化交流变量 con_{it} 选择 t 年中国在共建 "一带一路" 国家 i 文化输出的典型代表——孔子学院的个数来表示。语言是文化的重要组成部分，双边文化交流不仅可以提高其他国家对中华文化的了解，更能有效促进中国企业对外直接投资活动（谢孟军，2017），孔子学院作为双边文化交流的重要载体和中华文化 "走出去" 的典型代表，为中国与共建 "一带一路" 国家搭建了交流的平台。

由于基础设施建设涵盖范围较广，无法一一表述，为了较好地表达东道国基础设施建设的情况，根据中国在共建 "一带一路" 国家基础设施投资的热点行业，本书选取了能源、交通、通信和电力四项基础设施来表示东道国的基础设施建设情况，分别从不同行业的基础设施建设情况来分析东道国基础设施对中国直接投资与东道国经济增长关系的影响。其中，$infr1_{it}$ 表示共建 "一带一路" 国家 i 在 t 年交通基础设施建设情况，用航空客运量和铁路客运量的总和来衡量（单位：百万人），模型中对该变量取对数；$infr2_{it}$ 表示东道国 i 在 t 年的通信基础设施建设情况，用共建"一带一路"国家 i 在 t 年的固定宽带互联网用户人数来衡量，模型中对该变量取对数；$infr3_{it}$ 表示东道国 i 在 t 年的电力基础设施建设情况，用共建"一带一路"国家 i 在 t 年的人均耗电量（单位：千瓦时）来衡量，模型中对该变量取对数；$infr4_{it}$ 表示东道国 i 在 t 年的能源基础设施建设情况，用共建"一带一路"国家 i 在 t 年的铁矿石出口量占商品总出口量的比重来衡量（隋广军等，2017）。

共建"一带一路"国家 i 在 t 年生态环境指标 env_{it} 使用人均二氧化碳排放量（单位：千吨）表示（都嘉，2016；贺培，2016），由于二氧化碳过量排放会引起温室效应，造成严重的环境问题，所以该变量数值越大代表东道国生态环境恶化越严重或者东道国政府对环保治理的要求标准较低（Cole & Elliott，2003；李玲，2012）。

$Z_{i,t}$ 为控制变量，代表可能影响东道国经济增长的其他因素。主要有：共建"一带一路"国家人口增长率、年度储蓄率、科技发展情况、资本存量、通货膨胀率以及就业情况。pop_{it} 表示共建"一带一路"国家 i 在 t 年的人口增长率；sav_{it} 代表共建"一带一路"国家 i 在 t 年的储蓄情况，用一国的总储蓄率表示；ten_{it} 代表共建"一带一路"国家 i 在 t 年的技术发展情况，用一国的科技文章发表数量表示，模型中对该变量取对数；cap_{it} 代表共建"一带一路"国家 i 在 t 年的资本存量，用一国的固定资本形成总额占 GDP 的比重表示；inf_{it} 代表共建"一带一路"国家 i 在 t 年的通货膨胀率；emp_{it} 代表共建"一带一路"国家 i 在 t 年的就业情况，用一国的就业人数占总人口的比重表示。

影响一国经济增长因素是多样复杂的，但由于数据的可得性和样本容量有限等原因，无法将所有影响因素全部纳入模型，由此可能存在"遗漏变量"而产生的内生性问题，针对此问题本书将在稳健性检验部分做统一处理。

$f_{i,t}$ 是区域固定效应，$\varepsilon_{i,t}$ 为随机扰动项。考虑到数据的可得性，本书选择的"一带一路"样本国家有 60 个,① 时间跨度为 2003~2021 年。

5.1.2　数据说明以及变量统计性描述

方程（5.1）各变量具体含义以及数据来源如表 5.1。

表 5.1　　　　　　　方程（5.1）变量含义以及数据来源

变量	变量名称	符号	数据来源
因变量	共建"一带一路"国家经济增长	gdp_{it}	世界银行数据库
核心解释变量	中国对共建"一带一路"国家直接投资存量	fdi_{it}	《中国对外直接投资统计公报》
调节变量	共建"一带一路"国家制度指标	sys_{it}	全球治理数据库
	中国在共建"一带一路"国家建立孔子学院数量	con_{it}	《孔子学院年度报告》
调节变量	共建"一带一路"国家基础设施建设	$infr_{it}$	世界银行数据库
	共建"一带一路"国家生态环境	env_{it}	世界银行数据库
控制变量	共建"一带一路"国家人口增长率	pop_{it}	世界银行数据库
	共建"一带一路"国家储蓄率	sav_{it}	世界银行数据库
	共建"一带一路"国家技术进步	ten_{it}	世界银行数据库
	共建"一带一路"国家资本存量	cap_{it}	世界银行数据库
	共建"一带一路"国家通货膨胀率	inf_{it}	世界银行数据库
	共建"一带一路"国家就业率	emp_{it}	世界银行数据库

---

① 哈萨克斯坦、乌兹别克斯坦、吉尔吉斯斯坦、塔吉克斯坦、土库曼斯坦、新加坡、马来西亚、印度尼西亚、缅甸、泰国、老挝、柬埔寨、越南、文莱、菲律宾、巴基斯坦、孟加拉国、阿富汗、斯里兰卡、马尔代夫、尼泊尔、伊朗、土耳其、叙利亚、伊拉克、阿联酋、沙特、卡塔尔、巴林、科威特、黎巴嫩、阿曼、也门、约旦、以色列、亚美尼亚、格鲁吉亚、阿塞拜疆、埃及、波兰、捷克、斯洛伐克、匈牙利、斯洛文尼亚、克罗地亚、罗马尼亚、保加利亚、塞尔维亚、黑山、北马其顿、波斯尼亚、阿尔巴尼亚、爱沙尼亚、立陶宛、拉脱维亚、乌克兰、白俄罗斯、摩尔多瓦、蒙古国、俄罗斯。

5.2　中国对共建 "一带一路" 国家直接投资与东道国经济增长的关系研究

本节将从选取的几项调节变量出发，量化研究在"一带一路"倡议背景下，中国直接投资对东道国经济增长的影响以及调节变量对中国直接投资与东道国经济增长关系的调节作用。

5.2.1　东道国制度的调节作用

新制度经济学将制度视为影响经济增长的重要因素，他们认为不同国家经济发展的快慢与其制度有着不可分割的关系。

从理论上说东道国制度越好，意味着东道国各方面都相对稳定，越可以为直接投资企业提供一个良好的外部环境，降低直接投资的风险和成本，减少生产经营的不确定性，外资企业能充分利用东道国政策提供的优惠便利，提高资源的配置效率（Globerman & Shapiro，2003；Peng，2008；庄起善等，2008；祁春凌等，2014）。然而有学者研究指出中国对外直接投资有着"特殊性"：即东道国制度越差，越容易吸引到中国直接投资（Buckley，2007；Kolstad；2010；Amighini，2011），同时也有研究表明东道国制度质量高的国家和制度质量较低的国家都对中国直接投资表现出引力作用（蒋冠宏等，2012）。

针对"一带一路"倡议，研究东道国制度与中国直接投资的现有文献对两者的关系也有不同的看法：有研究认为中国直接投资显著偏好共建"一带一路"国家民主政治、法律法规等制度质量都较差的东道国（李晓敏等，2017）；也有研究认为中国直接投资偏好制度质量较好的东道国（崔娜等，2107）。

事实上，参与共建"一带一路"的国家众多，覆盖区域广，地缘政治关系较为复杂，民族和宗教意识存在冲突，投资活动面临巨大风险。部分国家国内政治局势动荡、法治观念淡薄、市场监管较差等，这些因素加剧了中国企业直接投资的不确定性，加之共建"一带一路"不同国家或区域经济发展水平差距较大，更加大了投资风险发生的可能性。那么，在"一带一路"倡议背景下，东道国制度的优劣对中国直接投资与其经济增长的关系有什么影响呢？在共建"一带一路"国家的不同区域，东道国制度对中国直接投资与东道国经济增长关系的调节作用会有所差异吗？这方面的研究尤其是定量研究相对较少，这是本节要讨论的主要问题。

1. 调节变量（东道国制度）的基准回归

为了保证估计结果的准确性和稳健性，本书分别使用差分 GMM 和系统 GMM 两种方法进行对比研究。模型 1 和模型 2 都采用差分 GMM 估计方法，在模型 1 中未纳入相应调节变量，模型 2 将所研究的调节变量纳入方程中，并与模型 1 进行对比。模型 3 和模型 4 都采用系统 GMM 估计方法，模型 3 中未纳入相应调节变量，模型 4 将所研究的调节变量纳入方程中，并与模型 3 进行对比。

从表 5.2 回归结果可知，无论采用差分 GMM 还是系统 GMM 估计方法，核心解释变量中国对"一带一路"国家的直接投资对东道国经济增长在 1% 水平下都有显著、正向的促进作用，且对比模型 1、模型 3 和模型 2、模型 4，在加入了直接投资与东道国制度的交互项以后，交互项对因变量的回归系数在 1% 的水平下显著为正，说明在"一带一路"倡议背景下，整体来看，东道国制度越好，越能发挥中国直接投资对东道国经济增长的带动作用（崔娜等，2017；陈初昇等，2017），证实了"一带一路"倡议背景下，东道国制度对中国直接投资与其经济增长问题上有显著的正向调节作用。这一结果与巴克利（Buckley，2007）、科尔斯塔德和威格（Kolstad & Wiig，2010）对中国直接投资与东道国制度关系的结论不同，可能的解释原因在于：首先，共建"一带一路"国家经济发展水平不一，根据世界经济论坛发布的《2017 年全球风险报告》显示，共建"一带一路"国家有相当一部分处于"高风险等级",部分国家相关政策还因为外部环境而不断变化,缺乏连续性,随意性过大(蒋妲,2015),所以中国企业在参与共建"一带一路"国家直接投资活动中面临着较为严重的风险(王凡一,2016),东道国制度对直接投资活动的保障性显得尤为重要,只有良好的东道国制度才能在"一带一路"环境下为中国直接投资活动提供较好的保障。其次,中国在共建"一带一路"国家投资项目多为基础设施建设、硬件设施的铺设等领域,而这些投资相对一般投资活动耗时长、风险大,前景不明朗,更容易受到东道国环境的影响。中国在共建"一带一路"国家很多基础设施项目都由于东道国制度因素受阻、被迫推迟或者撤资,如中东欧的匈塞铁路、中泰高铁、中缅的皎漂 – 昆明铁路、柬埔寨西哈努克港经济区和港口等。所以中国企业在共建"一带一路"国家的直接投资更需要良好的东道国制度作保障。最后,共建"一带一路"的很多国家贸易便利化水平较低,对外开放程度较差,存在着较为严重的保护主义倾向(张建平等,2016),很多东道国视中国为竞争对手,对中国的出口贸易和直接投资有一定的敌对意味,为中国直接投资进入东道国增加了一定难度,此时更需要宽松、透明的东道国制度作为保障。可见,在"一带一路"背景下,东道国制度是影响中国直接投资经济增长效应的重要因素之一,东道国制度质量越高,越能强化中国直接投资给东道国经济增长的促进作用。

表 5.2　　　　　　　　　调节变量(东道国制度)的基准回归

估计方法	差分 GMM		系统 GMM	
变量	模型 1	模型 2	模型 3	模型 4
$\text{Ln}gdp_{it-1}$	0.62 *** (18.92)	0.64 *** (16.47)	0.61 *** (19.27)	0.67 *** (20.98)
$\text{Ln}fdi_{it}$	0.01 *** (2.89)	0.03 *** (4.43)	0.01 *** (3.75)	0.02 *** (4.32)
$\text{Ln}fdi_{it} \times sys_{it}$		0.02 *** (3.77)		0.002 *** (2.03)

续表

估计方法	差分 GMM		系统 GMM	
变量	模型 1	模型 2	模型 3	模型 4
sys_{it}		0. 13 (1. 02)		0. 003 (1. 24)
pop_{it}	− 0. 002 (− 1. 32)	− 0. 002 * (− 1. 80)	− 0. 005 (− 0. 92)	− 0. 044 *** (− 4. 39)
sav_{it}	0. 03 *** (8. 39)	0. 003 *** (4. 71)	0. 03 *** (7. 91)	0. 004 *** (6. 39)
ten_{it}	0. 15 *** (17. 31)	0. 14 *** (5. 93)	0. 05 *** (5. 29)	0. 05 *** (6. 28)
cap_{it}	1. 13 *** (2. 92)	4. 23 (1. 24)	1. 92 *** (5. 20)	3. 15 (1. 02)
inf_{it}	− 0. 068 *** (− 15. 33)	− 0. 095 *** (− 8. 74)	− 0. 12 *** (− 8. 03)	− 0. 09 *** (− 9. 27)
emp_{it}	1. 12 *** (20. 77)	0. 94 *** (6. 21)	0. 57 *** (8. 54)	0. 42 *** (3. 69)
$constant$	− 40. 75 *** (− 3. 69)	20. 46 *** (4. 39)	− 40. 02 *** (− 3. 89)	49. 26 *** (5. 07)
$AR(2)$	0. 62	0. 40	0. 48	0. 50
$Sargan\ test$	1	1	1	1

注：*** 、** 和 * 分别代表 1% 、5% 和 10% 的显著水平，括号里数字是 z 值，$AR(2)$ 和 $Sargan$ 值为 P 值。

在控制变量方面，东道国人口增长率和通货膨胀率对因变量回归系数为负，说明在 "一带一路" 倡议背景下，东道国人口越多、通货膨胀率越高，对其经济发展的压力越大，越不利于其经济增长。东道国的储蓄率、科技进步、固定资本存量和就业率对因变量回归系数为正，说明高储蓄率、较多的资本积累、较高的就业水平和就业质量以及较高的科技水平对东道国经济发展的促进作用越大。

综上所述，在 "一带一路" 背景下，整体看来，中国直接投资能够促进共建 "一带一路" 国家的经济增长，且东道国制度越好，越能强化中国直接投资对东道国经济增长的促进作用。差分 GMM 和系统 GMM 两种方法的回归结果没有显著差别，表明结果具有较强的稳健性。表 5.2 中 $AR(2)$ 和 $Sargan$ 值都表示估计结果较为理想，说明模型不存在二阶自相关且工具变量是有效的。因变量滞后项的回归系数显著为正，表示东道国经济增长具有较强的动态性和延续性。

2. 东道国制度调节作用的异质性

由于共建"一带一路"国家经济发展水平不同，内部政治稳定性、市场完善程度等也有一定差异，对待外资的政策也不尽相同（方旖旎，2016），所以各个调节变量在共建"一带一路"国家不同区域的调节作用是否跟全样本基准回归一样呢？在这里本书将根据第 4 章中国在共建"一带一路"国家各个区域直接投资额的多少对共建"一带一路"国家进行分类，从而进一步对比各个调节变量在不同区域调节作用的差异性。

根据第 4 章我国对共建"一带一路"国家投资区位分布的定性分析，本书根据投资额的情况将共建"一带一路"国家划分为四组：第一组为东盟地区，中国在东盟地区无论是投资流量还是存量吸引中国直接投资所占比例均超过中国在共建"一带一路"国家投资额的一半以上，且东盟多国与中国为邻国，并与中国建立了自贸区，双方经济活动往来较为紧密，建立了较为稳健的战略合作关系，此组回归结果为方程 1；第二组为西亚和独联体两个地区，这两个区域是除东盟地区之外，在共建"一带一路"国家吸收中国直接投资较多的区域，且这两个区域自然资源丰富，有着一定的投资潜力，此组回归结果为方程 2；第三组为南亚和中亚两个地区，这两个区域有着一定的相似性：都是国内政治局势和地缘政治较为复杂的地区，所以在共建"一带一路"国家中吸收中国直接投资相对较少，且比例相当，该组回归结果为方程 3；第四组为中东欧地区，中东欧国家距离中国最远，经济政治环境相对稳定，商业环境良好，但在共建"一带一路"国家中吸收中国直接投资最少，该组回归结果为方程 4。系统 GMM 方法将差分 GMM 和水平 GMM 方程放入一个系统中进行估计，可以更有效地对动态面板进行估计，所以本节各方程均采用系统 GMM 回归方法。

由表5.3 可知，无论在共建"一带一路"国家的任何一个区域，中国直接投资都能显著地促进东道国的经济增长，这一结果具有普遍性。

表 5.3　东道国制度调节作用在共建 "一带一路" 国家的区域异质性

变量	方程 1	方程 2	方程 3	方程 4
$Lngdp_{it-1}$	0.69 *** (2.95)	0.99 *** (8.80)	0.44 (1.04)	0.87 *** (16.78)
$Lnfdi_{it}$	0.042 *** (8.40)	0.019 *** (2.53)	0.002 *** (2.18)	0.11 *** (6.83)
$Lnfdi_{it} \times sys_{it}$	-0.000053 *** (-2.92)	0.000022 *** (9.09)	0.00007 *** (3.19)	-0.000084 *** (-8.10)
sys_{it}	0.07 (1.23)	0.019 (1.07)	0.03 (0.79)	0.23 (1.02)
pop_{it}	-0.0031 *** (-3.80)	-0.0037 * (-1.66)	-0.002 *** (-3.72)	-0.0063 * (-1.93)
sav_{it}	0.0059 (1.40)	0.0065 *** (8.74)	0.0031 *** (5.91)	0.0022 *** (6.46)
ten_{it}	0.40 *** (8.40)	0.35 *** (2.85)	0.52 *** (2.34)	0.39 *** (2.75)
cap_{it}	2.39 * (1.72)	3.51 (0.54)	5.07 (0.84)	1.8 (1.62)
inf_{it}	-0.0071 (-0.92)	-0.0013 (-0.94)	-0.002 *** (-4.49)	-0.0012 *** (-7.61)
emp_{it}	1.27 *** (2.21)	1.13 * (1.92)	1.70 (0.35)	0.035 *** (2.11)
constant	43.18 (1.61)	14.83 *** (3.02)	-30.2 (-1.04)	24.62 *** (6.21)
$AR(2)$	0.17	0.16	0.20	0.31
Sargan test	1	1	1	1

注：***、** 和 * 分别代表1%、5%和10%的显著水平，括号里数字是 z 值，$AR(2)$ 和 Sargan 值为 P 值。

在东盟地区中，东道国制度对中国直接投资与其经济增长关系中有着显著的负向调节作用，即在东盟地区，东道国制度能够弱化中国直接投资给东道国经济增长的促进作用，这一结果与东道国制度在共建"一带一路"国家的全样本基准回归结果不同（全样本回归结果为正向促进作用）。可能的解释为：一方面，虽然东盟地区整体制度稳定，但内部发展呈现两极分化的局面，少数国家如马来西亚、印度尼西亚等有着一定的排华情绪，对中国直接投资活动心存芥蒂，且中国与个别东盟国家就南海问题也多次出现争端，在一定程度上损害了中国与东盟国家的政治互信。另一方面，中国与东盟地区形成了自贸区且和内部多个国家签订了双边投资协定，所以地区投资活动的便利化以及双边投资协定在一定程度上弥补了东道国制度的不足，确保了中国直接投资在东道国能顺利进行。

在西亚和独联体两个地区，东道国制度对中国直接投资与其经济增长关系中有着显著的正向调节作用，即在西亚和独联体地区，东道国制度越好越能强化中国直接投资对东道国经济增长的促进作用，这一结果与东道国制度在共建"一带一路"国家全样本基准回归一致。可能的解释为，在西亚和独联体地区，多国内部都存在着一定的政治不稳和社会动荡现象。因此，在这些国家进行直接投资活动，东道国制度越好，才能够为中资企业在东道国投资活动提供越完善的安全保障。

在南亚和中亚地区，东道国制度对中国直接投资与其经济增长关系中有着显著的正向调节作用，即在南亚和中亚地区，东道国制度越好，越能强化中国直接投资对其经济增长的促进作用，这一结果与东道国制度在共建"一带一路"国家全样本基准回归一致。可能的解释为，长期以来中国与南亚和中亚国家都有着良好、稳定的外交关系，但在南亚和中亚地区，区域内部均存在着一些影响直接投资的不良因子：政治分歧、某些国家政局不稳、复杂的地缘政治以及较差的营商环境，而在这样的外部条件下，更需要良好的东道国制度来保障直接投资活动的顺利进行。

在中东欧地区，东道国制度对中国直接投资与其经济增长关系中有着显著的负向调节作用，即在中东欧地区，东道国制度弱化了中国直接投资对东道国经济增长的促进作用，这一结果与东道国制度在共建"一带一路"国家全样本的基准回归结果不同（全样本回归结果为正向促进作用）。可能的解释为，虽然中东欧国家整体局势稳定，但其规制环境较为复杂，对于外资的技术要求和市场准入标准较高，且中东欧多数国家有着欧盟成员国的身份，欧盟对华政策也时刻影响着中东欧国家对待中国直接投资的态度。所以在这一地区，东道国制度弱化了中国直接投资对其经济增长的促进作用。

综上所述，东道国制度的调节作用在共建"一带一路"国家不同区域有着一定的差别，这与共建"一带一路"不同国家的经济发展水平、东道国与中国政治外交关系以及国家内部政治稳定性无不关系。在东盟和中东欧地区，东道国制度对中国直接投资与东道国经济增长关系中均有显著负向调节作用，而在西亚、独联体、南亚和中亚等地区，东道国制度在中国直接投资与东道国经济增长关系中有着正向调节作用。

5.2.2　对共建"一带一路"国家直接投资与东道国经济增长的关系研究——双边文化交流视角

许多学者认为文化差异是影响直接投资的重要因素，文化差异越小，文化相似度越高且越有利于中国对东道国的直接投资（臧新等，2012；王根蓓，2013；韩民春等，2017）。消除文化差异的有效途径之一便是加强双边文化交流以及中国文化的输出。有研究表明，在"一带一路"倡议背景下，双边文化交流和中国文化输出对中国直接投资有着正向促进作用（盛宁，2016；胡雪琪，2016；谢孟军，2016）。

共建"一带一路"国家横贯了亚欧非三大洲，国家之间文化和地理距离都较远（陈胤默等，2107），这些国家中上百种语言并存，国家间较大的文化差异已经是一个不争的事实。文化差异导致的文化冲突、意识形态的不同和宗教信仰所引起的冲突都为中国在共建"一带一路"国家直接投资活动带来了不确定性。中国在《坚定不移推进共建"一带一路"高质量发展走深走实的愿景和行动——共建"一带一路"未来十年发展展望》的文件中,特别强调了倡导文明宽容,尊重各国发展道路和模式的选择,加强不同文明之间的对话。

那么,双边文化交流是否能有效缓解中国与"一带一路"国家的文化差异?在"一带一路"环境下,双边文化交流对中国直接投资给东道国经济增长作用有何影响?以"一带一路"国家为研究对象,定量研究双边文化交流对中国直接投资经济增长效应影响的文献相对较少,这是本节需要讨论的主要问题。

1. 调节变量(双边文化交流)的基准回归

文化是一个国家软实力的体现,加强文化交流可以增进双边信任关系,而信任关系的加强可以在一定程度上影响到直接投资的进程。由于文化的抽象性使得对双边文化交流的指标难以量化。2004 年韩国建立了首家孔子学院,自此孔子学院成为了对外汉语传播、中国文化输出、中华文化与世界文化交流的重要桥梁,本书参照盛宁(2016)的做法,用中国在共建"一带一路"国家建立的孔子学院数量作为量化衡量双边文化交流的指标。

在基准回归中,本书使用差分 GMM 和系统 GMM 两种方法进行对比研究。模型 1 和模型 2 都采用的差分 GMM 估计方法,在模型 1 中未纳入相应调节变量,模型 2 将所研究的调节变量纳入方程中,并与模型 1 进行对比。模型 3 和模型 4 都采用的系统 GMM 估计方法,在模型 3 中未纳入相应调节变量,模型 4 将所研究的调节变量纳入方程中,并与模型 3 进行对比。

根据表 5.4 回归结果可知,无论是采用差分 GMM 还是系统 GMM 方法,中国直接投资对共建"一带一路"东道国经济增长有着显著的正向促进作用。说明中国在共建"一带一路"国家的直接投资上的确促进了东道国的经济增长,中国对东道国的投资活动并不是中国单方面受益的行为。孔子学院个数与中国直接投资的交互项对因变量的回归系数无论在哪种回归方法下都显著为正，表明在 "一带一路" 背景下，双边文化交流强化了中国直接投资给东道国经济增长的促进作用，证实了在 "一带一路" 倡议背景下，双边文化交流在中国直接投资与东道国经济增长关系上有显著的正向调节作用。可能的原因如下：首先，直接投资涉及两国文化的碰撞与冲突，文化差异是直接投资的主要障碍之一。双边文化交流的加强对于加强双方文化认同感，降低文化差异有着不可忽视的作用，语言相通、文化相近能有效规避文化差异带来的风险，增加东道国对外来投资的认同感（Lopez & Vidal，2010；李阳等，2013）。共建 "一带一路" 的国家与中国、共建 "一带一路" 国家之间文化差异、语言差异和宗教差异等较大，如果中国能加强与这些国家的文化沟通交流，推动中华传统文化和汉语在共建 "一带一路" 国家的传播，如此一来，更有利于中国企业降低文化差异成本，为东道国带来更多的先进技术和资本积累，促进东道国的经济增长。其次，陈胤默等（2017）认为孔子学院对中国在共建 "一带一路" 国家的直接投资有着积极促进作用。孔子学院等双边文化交流载体可以为中外双方在跨国企业管理经验方面搭建交流的平台，降低投资管理理念不同而带来的风险，也是助力中国企业 "走出去" 的重要举措。所以，有了更多双边文化交流的平台和载体，有助于中国企业在跨国企业管理上与东道国进行更好的交流，发挥直接投资对当地经济的促进作用。最后，共建 "一带一路" 国家众多，政治冲突、宗教纷争等不安全事件频发。如果中资企业在投资前对东道国环境了解不足，会增大投资的风险。中国企业在投资之前可以借助双边文化交流的平台作用，了解当地的投资政策、法律法规和投资环境，为投资活动的前期调研提供帮助，降低投资风险，提高投资收益。因此，虽然中国直接投资能够带给东道国一定的经济增长，但共建 "一带一路" 国家文化差异较大，中国企业面临着许多不确定性，而双边文化交流的加强，为中国直接投资降低了文化差异风险（易青宇，2017），增强了中国直接投资对东道国的经济促进作用。

表5.4 调节变量（双边文化交流）的基准回归

估计方法	差分 GMM		系统 GMM	
变量	模型1	模型2	模型3	模型4
$\mathrm{Ln}gdp_{it-1}$	0.57 *** （10.02）	0.63 *** （7.94）	0.58 *** （12.37）	0.78 *** （13.84）
$\mathrm{Ln}fdi_{it}$	0.02 *** （3.63）	0.002 *** （4.92）	0.01 *** （3.79）	0.003 *** （3.51）
$\mathrm{Ln}fdi_{it} \times con_{it}$		0.01 *** （3.75）		0.01 *** （4.33）
con_{it}		6.31 （0.89）		6.22 （0.15）
pop_{it}	−0.002 （−1.04）	−0.02 （−0.82）	−0.004 （−0.76）	0.004 *** （−3.02）
sav_{it}	0.03 *** （7.82）	0.002 *** （3.29）	0.04 *** （3.94）	0.003 * （5.14）
ten_{it}	0.15 *** （9.58）	0.09 *** （6.44）	0.05 *** （3.92）	0.09 *** （4.18）
cap_{it}	1.11 *** （3.62）	4.99 *** （3.25）	1.73 *** （4.35）	3.98 *** （3.56）
inf_{it}	−0.09 *** （−6.74）	−0.003 *** （−3.27）	−0.10 *** （−7.54）	−0.004 ** （−4.36）
emp_{it}	1.42 *** （10.55）	0.37 *** （3.66）	0.55 *** （6.31）	0.45 *** （4.54）
$constant$	−52.66 *** （−5.09）	−42.37 （−1.06）	−60.29 *** （−8.69）	−24.35 （−0.64）
$AR(2)$	0.20	0.51	0.10	0.11
$Sargan\ test$	1	1	1	1

注：***、** 和 * 分别代表1%、5%和10%的显著水平，括号里数字是 z 值，$AR(2)$ 和 $Sargan$ 值为 P 值。

控制变量方面,东道国资本存量对因变量回归系数显著为正,且在诸多影响共建"一带一路"东道国经济增长变量中回归系数最大,说明现阶段资本存量的增加对共建"一带一路"国家经济增长的重要性。东道国的就业率和科技发展等变量对因变量的回归系数也为正数,说明失业率越低、科技水平发展越快越有利于提高东道国经济水平。但东道国的通货膨胀率和人口增长率对经济增长的作用却为负数,说明对共建"一带一路"国家来说,高通货膨胀率和人口的快速增长会给其经济发展带来一定负担。

综上所述,在"一带一路"背景下,中国直接投资能明显促进东道国经济增长,且双边文化交流越频繁,越能消除双边文化差异,强化中国直接给东道国经济增长的拉动作用。从结果看来差分 GMM 和系统 GMM 两种方法回归结果没有显著差别,表明结果具有较强的稳健性。*Sargan* 检验说明模型选取的工具变量都是有效的。*AR*(2) 检验表明不存在二阶序列相关,因此估计结果也是稳健的。

2. 双边文化交流调节作用的异质性

为了进一步分析双边文化交流的调节作用是否在共建"一带一路"国家之间有着一定的差别,本书按照中国在共建"一带一路"国家直接投资额的多少将共建"一带一路"国家划分为四组。第一组为东盟地区,中国在东盟地区无论是直接投资流量还是直接投资存量都占有相当的比例,且中国与东盟多国为邻国,并建立了自贸区,该组回归结果为方程 1;第二组为西亚和独联体两个地区,西亚和独联体两个地区是共建"一带一路"国家吸引中国直接投资相对较多的区域,且这两个区域均有着丰富的自然资源,该组回归结果为方程 2;第三组为南亚和中亚地区,南亚和中亚地区是共建"一带一路"国家吸引中国直接投资较少的区域,且这两个区域均有着明显的地缘政治风险,该组回归结果为方程 3;第四组为中东欧地区,该区域虽然政治经济情况总体稳定,却是共建"一带一路"沿线国家吸引中国直接投资最少的区域,回归结果为方程 4。

由表5.5可知, 无论在共建"一带一路"国家哪个区域, 中国直接投资都能显著促进东道国经济增长。双边文化交流的调节作用无论在共建"一带一路"国家的哪个区域, 都在中国直接投资与东道国经济增长关系中有着显著的正向调节作用, 这一结果与共建"一带一路"国家全样本基准回归一致。

表5.5　双边文化交流的调节作用在共建"一带一路"国家的区域异质性

变量	方程1	方程2	方程3	方程4
$\mathrm{Ln}gdp_{it-1}$	0.95 *** (4.4)	1.02 *** (2.49)	0.82 *** (11.67)	0.86 *** (6.69)
$\mathrm{Ln}fdi_{it}$	0.003 * (1.96)	0.015 *** (4.28)	0.003 *** (2.01)	0.078 * (1.73)
$\mathrm{Ln}fdi_{it} \times con_{it}$	0.0013 *** (2.60)	0.00032 *** (2.78)	0.08 *** (4.77)	0.020 *** (2.51)
con_{it}	4.92 * (1.71)	3.10 *** (2.48)	2.98 (1.41)	9.10 (1.39)
pop_{it}	− 0.0016 (− 0.91)	− 0.0023 *** (− 6.01)	− 0.001 (− 1.24)	− 0.0024 * (− 1.72)
sav_{it}	0.0094 (1.43)	0.005 *** (3.07)	0.004 (1.37)	0.0011 *** (2.49)
ten_{it}	0.660 * (1.9)	0.083 *** (7.88)	0.22 *** (4.07)	0.136 *** (4.89)
cap_{it}	2.54 *** (2.29)	6.13 (0.58)	1.11 (0.67)	1.10 (1.12)
inf_{it}	− 0.0029 (− 0.66)	− 0.0021 *** (− 4.20)	− 0.003 (− 0.93)	− 0.0017 *** (− 4.59)
emp_{it}	6.60 (1.12)	1.78 * (1.7)	6.43 (0.24)	0.084 *** (5.58)
$constant$	24.15 (1.07)	76.46 *** (6.87)	18.5 (0.42)	79.71 (1.2)

续表

变量	方程1	方程2	方程3	方程4
$AR(2)$	0.24	0.36	0.23	0.38
Sargan test	1	1	1	1

注：***、**和*分别代表1%、5%和10%的显著水平，括号里数字是z值，$AR(2)$和*Sargan*值为P值。

在共建"一带一路"国家，各国宗教、民族文化差异明显、风俗生活迥异，想要在这样一个有着显著宗教矛盾、语言差异和价值观差异的区域内进行直接投资活动，离不开双边文化交流的保障作用。由于各区域回归结果与全样本高度一致，所以这里不再做详细解释。

5.2.3　对共建"一带一路"国家直接投资与东道国经济增长的关系研究——东道国基础设施视角

亚当·斯密在其所著的《国富论》中指出政府应"建设并维护公共设施"，即基础设施建设是政府的职责，这一思想的核心强调了基础设施对于积累国民财富的重要性，它对当代经济理论的发展产生了极大的影响。

较多学者研究表明，在吸引外资方面，东道国基础设施的完善程度对外商投资区位选择有着重要影响：东道国基础设施水平越高，更有利于吸引外资进入东道国（王永进等，2010；包群等，2011；郑荷芬等，2013；马淑琴等，2013；王晓东等，2014；张晋，2014）。

部分学者以共建"一带一路"的国家为研究对象，在共建"一带一路"国家基础设施与中国直接投资关系上得到了不一样的结论。陈后祥（2016）认为共建"一带一路"国家基础设施建设对中国企业海外直接投资有着重要的正向作用。崔岩等（2017）研究发现共建"一带一路"国家基础设施质量的提高有助于增加中国企业的直接投资，提高中国与沿线各国的产能合作。但孟庆强（2016）、孙乾坤（2017）、潘春阳等（2017）研究发现共建"一带一路"国家基础设施建设越不完善，越能够吸引大量用于改善东道国基础设施的中国直接投资。

事实上，共建"一带一路"国家基础设施建设情况并不理想，根据亚洲开发银行的估计，共建"一带一路"国家的基础设施投资需求在 2030 年会达到 6490 亿美元，[①] 这表明现阶段共建"一带一路"国家面临着巨大的基础设施建设缺口。

在"一带一路"背景下，东道国基础设施建设情况对于发挥中国直接投资的经济增长效应又有什么影响呢？在这节将以东道国基础设施建设情况为出发点，分析在"一带一路"背景下，东道国基础设施对中国直接投资与东道国经济增长关系的调节作用。

1. 调节变量（东道国基础设施）的基准回归

为了保证估计结果的准确性和稳健性，本书分别使用差分 GMM 和系统 GMM 两种方法进行对比研究（如表 5.6 所示）。模型 1 和模型 2 都采用的差分 GMM 估计方法，在模型 1 中未纳入相应调节变量，模型 2 将所研究的调节变量纳入方程中，并与模型 1 进行对比。模型 3 和模型 4 都采用的系统 GMM 估计方法，模型 3 中未纳入相应调节变量，模型 4 将所研究的调节变量纳入方程中，并与模型 3 进行对比。

表 5.6   调节变量（东道国基础设施）的基准回归

估计方法	差分 GMM		系统 GMM	
变量	模型 1	模型 2	模型 3	模型 4
$\text{Ln}gdp_{it-1}$	0.71 *** (13.04)	0.33 *** (9.04)	0.64 *** (20.35)	0.58 *** (9.41)
$\text{Ln}fdi_{it}$	0.010 *** (5.87)	0.02 *** (7.44)	0.009 *** (3.71)	0.18 *** (5.67)

---

① 鞠传霄. "一带一路"资金融通面临的挑战及建议 [J]. 中国投资（中英文），2021 (11).

续表

估计方法	差分 GMM		系统 GMM	
变量	模型 1	模型 2	模型 3	模型 4
$\mathrm{Ln}fdi_{it} \times infr1_{it}$		-0.0004^{***} (-4.28)		-0.0006^{***} (-4.23)
$\mathrm{Ln}fdi_{it} \times infr2_{it}$		-0.0001^{***} (-3.41)		-0.0002^{***} (-4.66)
$\mathrm{Ln}fdi_{it} \times infr3_{it}$		-0.0002^{***} (-2.98)		-0.0005^{***} (-3.59)
$\mathrm{Ln}fdi_{it} \times infr4_{it}$		-0.0001^{***} (-4.33)		-0.0001^{***} (-2.70)
$infr1_{it}$		1.89 (0.31)		1.32 (1.12)
$infr2_{it}$		0.21 (1.33)		0.46^{***} (5.37)
$infr3_{it}$		0.0004^{***} (11.42)		0.0004^{***} (4.87)
$infr4_{it}$		2.93 (0.16)		4.41 (0.04)
pop_{it}	-0.002 (-1.09)	-0.005 (-0.36)	-0.003 (-0.41)	-0.005 (-0.64)
sav_{it}	0.021^{***} (7.33)	0.0031^{***} (5.42)	0.035^{***} (6.74)	0.0029^{***} (5.77)
ten_{it}	0.151^{***} (15.34)	0.158^{***} (13.72)	0.046^{***} (4.77)	0.047^{***} (3.93)
cap_{it}	1.02^{***} (3.78)	3.82 (1.34)	2.45^{***} (3.66)	5.29 (1.02)
inf_{it}	-0.09^{***} (-4.04)	-0.003^{***} (-5.27)	-0.26^{***} (-8.33)	-0.0048^{***} (-4.86)
emp_{it}	0.89^{***} (9.74)	0.37^{***} (2.77)	0.58^{***} (6.32)	0.035 (0.67)
$constant$	-53.21^{***} (-7.67)	-56.34^{***} (-3.66)	$-60..34^{***}$ (-17.44)	-40.23^{***} (-2.19)

续表

估计方法	差分 GMM		系统 GMM	
变量	模型 1	模型 2	模型 3	模型 4
AR(2)	0.20	0.32	0.21	0.50
Sargan test	1	1	1	1

注: *** 、** 和 * 分别代表 1%、5% 和 10% 的显著水平, 括号里数字是 z 值, *AR*(2) 和 *Sargan* 值为 P 值。

由表 5.6 可知, 中国对共建"一带一路"国家直接投资能够在 1% 的显著水平下促进东道国的经济增长。但东道国各项基础设施与中国直接投资的交互项对因变量的回归系数均在 1% 水平下显著为负, 说明在"一带一路"环境下, "一带一路"国家巨大的基础设施需求市场, 即较差的基础设施水平促进了中国直接投资对东道国的经济增长作用。但这与许多学者的前期研究成果(基础设施越完善越有利于吸引外资)不太相符。这一结果看似矛盾, 却恰恰反映了共建"一带一路"国家的特殊性。此结果可能的原因在于: 共建"一带一路"国家基础设施建设十分匮乏, 基础设施建设资金缺口巨大(汤敏等, 2015), 仅凭政府一己之力是无法承担这一巨额开销的, 此时吸引外资改善当地基础设施就成为了政府解决这一问题的选择之一。而中国拥有较为完善的基础设施建造技术和充裕的外汇储备, 所以中国与共建"一带一路"国家在基础设施建设领域有很大的合作空间。正是因为共建"一带一路"国家基础设施建设较差, 中国可以通过投资改善共建国家的基础设施来更有效地促进东道国的经济增长(孙章, 2015; 曹琼, 2015; 孟庆强, 2016)。所以在"一带一路"背景下, 东道国基础设施越不理想, 中国直接投资对东道国经济增长的促进作用越大。

控制变量方面, 在"一带一路"背景下, 东道国资本存量越高, 对经济增长的正向促进作用越大。东道国的就业率和科技发展等变量对因变量的回归系数也为正数, 说明东道国的失业率越低、科技水平发展越快越有利于提高其经济发展水平。但东道国的通货膨胀率和人口增长率对经济增长的作用却为负数,所以为了促进东道国经济发展,应该适当控制当地人口增速和降低通货膨胀率。

综上所述,共建"一带一路"国家基础设施对中国直接投资与东道国经济增长问题上有显著的负向调节作用,这一作用有着明显的"一带一路"特殊性:即东道国基础设施建设市场缺口越大,或者东道国基础设施建设越不理想,越能够增强中国直接投资对东道国经济增长的促进作用(邱奇,2015;孙乾坤,2017)。从结果看来差分 GMM 和系统 GMM 两种方法的回归结果没有显著差别,表明结果具有较强的稳健性。

2. 东道国基础设施调节作用的异质性

为了进一步分析东道国基础设施的调节作用是否在共建"一带一路"国家之内有着一定的差别,在此按照前文的标准分组和回归办法,进一步分析东道国基础设施的调节作用在共建"一带一路"国家不同区域的差异性。

由于分样本之后,样本容量大大减少,本书在此引入《全球竞争力报告》中对各个国家基础设施总体情况的评分作为一国基础设施总情况的衡量指标,[1] 如此便可以解决由于自变量个数太多而无法分样本回归的难题。

由表 5.7 可知,无论在共建"一带一路"国家的哪一个区域,中国直接投资都能够显著地促进东道国经济增长。

表 5.7　东道国基础设施的调节作用在共建"一带一路"国家的区域异质性

变量	方程(1)	方程(2)	方程(3)	方程(4)
$\text{Ln}gdp_{it-1}$	0.85 *** (2.45)	0.32 *** (2.26)	0.66 *** (3.22)	0.57 *** (3.34)

---

①　《全球竞争力报告》是基于世界经济论坛 2004 年推出的全球竞争力指数排名,该指数对世界各国在 12 个方面上的表现打分:制度建设、基础设施、宏观经济环境、卫生与教育培训、商品市场效率、劳动力市场效率、金融市场发展、技术就绪度、市场规模、商业成熟度和创新水平。

变量	方程（1）	方程（2）	方程（3）	方程（4）
$Lnfdi_{it}$	0.034 *** (2.46)	0.033 *** (2.98)	0.008 *** (2.77)	0.234 *** (2.34)
$Lnfdi_{it} \times infr_{it}$	0.000069 *** (2.49)	− 0.20 *** (− 2.93)	− 0.001 *** (− 3.25)	− 0.066 *** (− 2.02)
$infr_{it}$	0.000022 (1.26)	− 1.67 (− 1.32)	2.65 *** (3.65)	2.04 (1.48)
pop_{it}	− 0.0028 (− 0.79)	− 0.0032 ** (− 1.94)	− 0.002 (− 1.54)	− 0.0031 *** (− 2.87)
sav_{it}	0.0065 (1.28)	0.0042 (1.02)	0.002 (1.48)	0.0019 *** (3.19)
ten_{it}	0.21 * (1.79)	0.31 *** (2.38)	0.46 *** (3.44)	0.12 * (1.67)
cap_{it}	2.63 *** (2.57)	5.18 (0.87)	4.36 (1.07)	2.10 (0.83)
inf_{it}	− 0.0055 (− 0.6)	− 0.0033 (− 1.18)	− 0.005 (− 0.34)	− 0.0013 *** (− 2.91)
emp_{it}	3.51 *** (2.56)	2.37 ** (1.95)	2.69 (1.32)	0.023 *** (2.27)
$constant$	15.74 (1.49)	11.17 *** (18.64)	− 30.42 (− 0.74)	70.64 *** (2.84)
$AR(2)$	0.69	0.13	0.22	0.62
$Sargan\ test$	1	1	1	1

注：*** 、** 和 * 分别代表1%、5%和10%的显著水平，括号里数字是 z 值，$AR(2)$ 和 $Sargan$ 值为 P 值。

在东盟国家，东道国基础设施建设对中国直接投资与其经济增长关系中存在着显著、正向的调节作用，即在东盟国家中，东道国基础设施建设越完善越有利于强化中国直接投资给东道国的经济增长促进作用，这一结果与东道国基础设施在共建 "一带一路" 国家全样本的基准回归结果不同（全样本回归结果为负向调节作用）。可能的原因为：尽管东盟国家也存在着一定的基础设施建设缺口，但是整体来看东盟国家的基础设施建设对于共建"一带一路"国家其他区域相对较好，东盟部分国家基础设施建设水平较高，如新加坡、文莱、马来西亚等，且中国在东盟地区投资行业主要为制造业，其次为批发零售、建筑业和租赁服务业。以 2022 年的数据为例，中国在东盟制造业、批发零售业、建筑业和租赁服务业投资占当年中国对东盟投资总额的比重分别为 28%、13.8%、10% 和 9.5%。① 所以中国基础设施投资在东盟地区并不占据绝对比例，而制造业等行业的直接投资却对一国的基础设施要求较为严格，因此在东盟地区，从东道国经济增长的角度，基础设施建设越完善越能够强化中国直接投资对东道国经济增长的促进作用。

在西亚、独联体、南亚和中亚四个地区，东道国基础设施对中国直接投资与其经济增长关系中有着显著的负向调节作用，即东道国基础设施越不理想，越有利于强化中国直接投资对东道国的经济增长促进作用。这一结果与东道国基础设施在共建"一带一路"国家全样本基准回归一致。主要原因在于：一方面，这些区域是世界主要的能源基地，油气资源丰富，吸引着世界各国对这一地区进行投资，而该区域的能源基础设施相对滞后，所以改变能源基础设施的落后局面才能更好地吸引外资（王颂吉等，2016；李寒湜等，2016）。另一方面，这一地区部分国家基础设施建设水平相对落后，如伊朗、埃及和中亚等国家基础设施水平远低于共建"一带一路"国家平均水平，所以改变基础设施落后的局面才是促进东道国经济增长的主要途径。

在中东欧地区，基础设施对中国直接投资与东道国经济增长关系有着显著的负向调节作用，即在中东欧地区，基础设施建设越不理想，越有利于中国直接投资对东道国的经济促进作用。虽然中东欧地区整体经济发展较快，但基础设施建设在中东欧地区也严重不足。多数中东欧国家的基础设施陈旧，铁路、公路等基础设施都面临更新改造，所以中国

① 参见《2022～2023 年东盟投资报告》。

直接投资若能改善中东欧基础设施将会大大促进东道国经济增长（姚玲，2015）。

综上所述，除东盟地区之外，在共建"一带一路"国家的其他区域东道国基础设施对中国直接投资与东道国经济增长关系中都存在着负向调节作用。

5.2.4 对共建"一带一路"国家直接投资与东道国经济增长的关系研究——东道国生态环境视角

在直接投资与东道国生态环境问题上，较多学者研究表明直接投资容易给东道国带来生态环境污染（刘雨宁，2014），也有研究认为直接投资为东道国带来了环保技术的溢出，有利于改善东道国生态环境（彭海珍等，2003）。

东道国生态环境规制与中国直接投资的研究中，不同学者的结论也有所不同：有人认为东道国环境规制越差越容易吸引中国直接投资（徐沛然，2016），也有人认为东道国环境规制与对外直接投资并不存在着必然的负相关关系（严复雷，2008）。

共建"一带一路"国家自然环境差异较大，生态环境复杂，有的国家沙尘和污染物肆虐，水资源匮乏，自然灾害分布广泛、危害严重，历史上曾出现过极端天气事件。同时，由于共建"一带一路"国家多为发展中国家，抗击生态环境恶性事件的能力较差。那么，在"一带一路"倡议背景下，东道国生态环境因素对中国直接投资与东道国经济增长的关系有何影响呢？本节将以东道国生态环境为出发点，研究在"一带一路"倡议背景下，东道国环境因素对中国直接投资给东道国经济增长的影响。

1. 调节变量（东道国生态环境）的基准回归

为了保证估计结果的准确性和稳健性，本书分别使用差分 GMM 和系统 GMM 两种方法进行对比研究。模型 1 和模型 2 都采用的差分 GMM

估计方法，在模型 1 中未纳入相应调节变量，模型 2 将所研究的调节变量纳入方程中，并与模型 1 进行对比。模型 3 和模型 4 都采用的系统 GMM 估计方法，在模型 3 中未纳入相应调节变量，模型 4 将所研究的调节变量纳入方程中，并与模型 3 进行对比。

根据表 5.8 可知，无论是差分 GMM 还是系统 GMM 估计方法得到的结果都是中国对共建"一带一路"国家直接投资能显著、正向地促进东道国经济增长。在加入东道国生态环境这一调节变量后，$fdi_{it} \times env_{it}$ 对因变量回归系数在 1% 的水平下显著为正，说明在中国直接投资带动东道国经济发展的同时，人均二氧化碳排放量越大，中国直接投资对东道国经济增长促进作用越大，这意味着东道国生态环境不理想或者东道国生态环保标准较低反而强化了中国直接投资对东道国经济增长的正向拉动作用，证实了在"一带一路"倡议背景下，东道国生态环境因素对中国直接投资与东道国经济增长关系上有着显著的"正向"调节作用。这一结果的主要原因在于：一方面，如果东道国生态环境相对较差或者生态环保标准较低，那么中国企业的环保成本会降低，从而能够将更多的资源用于生产、销售和研发等方面，如此一来，中国直接投资便为东道国经济增长带来更大的促进作用。另一方面，共建"一带一路"国家多为发展中国家，经济增长方式粗放，对这些国家来说，吸引外资发展本国经济是首要任务，因此东道国政府对直接投资企业环保要求相对较低，希望通过降低外资企业进入的环保门槛来吸引更多外资进入当地进行直接投资活动。这一结果与"一带一路"国家经济发展水平参差不齐、经济增长方式粗放和巨大的基础设施建设缺口不无关系。

表 5.8　　　　　　调节变量（东道国生态环境）的基准回归

估计方法	差分 GMM		系统 GMM	
变量	模型 1	模型 2	模型 3	模型 4
$\mathrm{Ln}gdp_{it-1}$	0.62 *** (19.42)	0.66 *** (28.43)	0.60 *** (30.42)	0.71 *** (31.63)

续表

估计方法	差分 GMM		系统 GMM	
变量	模型1	模型2	模型3	模型4
$\mathrm{Ln}fdi_{it}$	0.01 *** (2.64)	0.0009 *** (6.84)	0.01 *** (5.31)	0.0036 *** (5.72)
$\mathrm{Ln}fdi_{it} \times env_{it}$		0.006 *** (3.75)		0.007 *** (5.26)
env_{it}		− 1.43 *** (− 10.62)		− 2.62 *** (− 19.56)
pop_{it}	− 0.001 (− 0.67)	− 0.007 *** (− 2.59)	− 0.004 (− 0.20)	− 0.007 *** (− 3.24)
sav_{it}	0.020 *** (7.40)	0.0020 *** (7.36)	0.04 *** (10.24)	0.06 *** (9.66)
ten_{it}	0.12 *** (13.11)	0.10 *** (10.31)	0.036 *** (4.32)	0.027 *** (4.66)
cap_{it}	1.03 (1.24)	1.98 (0.91)	2.00 *** (5.63)	2.04 *** (5.03)
inf_{it}	− 0.07 *** (− 18.37)	− 0.002 *** (− 14.26)	− 0.10 *** (− 16.39)	− 0.002 *** (− 15.29)
emp_{it}	1.02 *** (20.79)	1.39 *** (18.33)	0.61 *** (6.41)	0.48 *** (8.37)
constant	− 73.29 *** (− 10.47)	− 71.23 *** (− 11.35)	− 67.88 *** (− 5.63)	− 69.52 *** (− 6.26)
$AR(2)$	0.28	0.23	0.11	0.53
Sargan test	1	1	1	1

注：*** 、** 和 * 分别代表1%、5%和10%的显著水平，括号里数字是 z 值，$AR(2)$ 和 *Sargan* 值为 P 值。

其余控制变量方面，共建"一带一路"国家的资本积累、就业率、储蓄率和科技发展对因变量回归系数均显著为正，说明它们是带动共建"一带一路"东道国经济发展的源泉，但就业率和资本积累对东道国经济增长的促进作用要远高于科技进步的作用，这一结果与中国情况略有

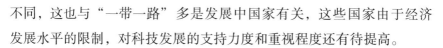

不同，这也与 "一带一路" 多是发展中国家有关，这些国家由于经济发展水平的限制，对科技发展的支持力度和重视程度还有待提高。

综上所述，在 "一带一路" 倡议背景下，中国直接投资的确能促进东道国经济增长，而且东道国生态环境越脆弱，越能发挥中国直接投资对东道国经济增长的带动作用。从结果来看，差分 GMM 和系统 GMM 两种方法的回归结果没有显著差别，表明结果具有较强的稳健性。$AR(2)$ 和 $Sargan$ 值都表示估计结果较为理想，且因变量滞后项的回归系数显著为正，表示东道国经济增长具有较强的动态性和延续性。

2. 东道国生态环境调节作用的异质性

本研究仍按照前文的分组标准及回归方法，进一步分析东道国生态环境的调节作用是否在共建 "一带一路" 不同国家和区域之间有着一定的差别。

由表5.9可知，无论在共建 "一带一路" 国家的哪一个区域，中国直接投资都能够显著地促进东道国经济增长。

表5.9 东道国生态环境的调节作用在共建 "一带一路" 国家的区域异质性

变量	方程（1）	方程（2）	方程（3）	方程（4）
$Lngdp_{it-1}$	0.23 *** （2.60）	0.73 *** （8.06）	0.71 *** （4.62）	0.73 *** （16.03）
$Lnfdi_{it}$	0.0015 *** （2.33）	0.05 *** （5.02）	0.001 （1.20）	1.07 * （1.84）
$Lnfdi_{it} \times env_{it}$	-0.0016 *** （-2.70）	0.005 *** （7.83）	0.00003 *** （3.77）	-0.169 * （-1.80）
env_{it}	7.29 *** （4.33）	4.39 *** （10.01）	1.57 *** （13.62）	2.11 （1.10）
pop_{it}	-0.0047 （-1.02）	-0.0066 * （-1.90）	-0.002 （-1.15）	-0.009 * （-17.2）
sav_{it}	0.005 * （1.76）	0.007 （1.09）	0.001 *** （3.28）	0.0045 *** （4.33）

变量	方程（1）	方程（2）	方程（3）	方程（4）
ten_{it}	0.59 * (1.78)	0.37 * (1.80)	0.11 * (1.72)	0.27 *** (2.15)
cap_{it}	7.56 (1.28)	1.93 (1.38)	1.37 (1.03)	1.64 (1.46)
inf_{it}	-0.0014 (-0.59)	-0.0023 (-1.12)	-0.003 (0.77)	-0.0033 *** (-5.58)
emp_{it}	1.93 * (1.69)	1.31 (1.01)	4.31 (1.03)	1.072 *** (2.59)
constant	80.05 (1.57)	49.68 *** (3.10)	-18.55 (-1.09)	80.29 *** (2.29)
$AR(2)$	0.24	0.33	0.29	0.34
Sargan test	1	1	1	1

注：***、**和*分别代表1%、5%和10%的显著水平，括号里数字是 z 值，$AR(2)$ 和 Sargan 值为 P 值。

在东盟地区，东道国生态环境对中国直接与其经济增长关系中存在着显著"负向"调节作用，即在东盟地区，人均二氧化碳排放量越小，或者东道国生态环境越好越能够强化中国直接投资给东道国的经济促进作用，这一结果与东道国生态环境因素在共建"一带一路"国家全样本的基准回归结果不同。可能的解释为，在东盟国家内部，尤其是经济发展水平高的国家，如新加坡对直接投资的生态环保工作有着较高的要求。所以从东道国经济增长的角度看，在东盟国家进行直接投资，中资企业必须遵守较高的生态环保规则，如此一来，中资企业既可以通过直接投资提升自我环保意识，又为东道国环境保护起到了一定作用，降低了东道国政府的环保支出，有利于东道国的经济增长。

在西亚和独联体地区，东道国生态环境因素对中国直接投资与其经济增长关系中有着显著的"正向"调节作用，即东道国生态环境越不理想，越能够强化中国直接投资对该区域的经济促进作用，这一结果与

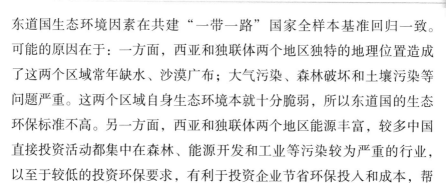

东道国生态环境因素在共建"一带一路"国家全样本基准回归一致。可能的原因在于：一方面，西亚和独联体两个地区独特的地理位置造成了这两个区域常年缺水、沙漠广布；大气污染、森林破坏和土壤污染等问题严重。这两个区域自身生态环境本就十分脆弱，所以东道国的生态环保标准不高。另一方面，西亚和独联体两个地区能源丰富，较多中国直接投资活动都集中在森林、能源开发和工业等污染较为严重的行业，以至于较低的投资环保要求，有利于投资企业节省环保投入和成本，帮助东道国吸引更多的中国投资。

在南亚和中亚地区，水资源缺乏、生态环境脆弱和人口膨胀等问题突出，但由于经济发展水平落后，经济结构单一，所以降低环境标准吸引外资改善本国经济发展是首要任务。为了吸引外资发展本国经济，当地政府对投资企业的环保要求并不高。所以，在南亚和中亚地区，东道国生态环境因素在中国直接投资与其经济增长关系中有着显著的"正向"调节作用，但回归系数的数值不大。

在中东欧地区，东道国生态环境对中国直接与其经济增长关系中存在着显著"负向"调节作用，即在中东欧地区，东道国生态环境越好越能够强化中国直接投资给东道国经济增长的促进作用，这一结果与东道国生态环境因素在共建"一带一路"国家全样本的基准回归结果不同。可能的解释为中东欧国家对于外资的进入有着严格的监管要求，包括投资项目的招投标、项目施工的环保标准和技术标准等，为了满足中东欧国家特定的投资环保标准，中资企业不得不提高自身的环保意识，在满足东道国环保要求的同时带动东道国经济发展。

因此，除东盟和中东欧地区之外，在共建"一带一路"的其他区域，东道国生态环境因素在中国直接投资与其经济增长关系中均有着显著的"正向"调节作用，即东道国生态环境越不理想，越能够强化中国直接投资对该区域的经济促进作用，说明在共建"一带一路"国家中，东道国生态环保标准不一，从促进东道国经济增长的角度，生态环境较好、经济发展水平较高的国家，期望中国直接投资企业能够在投资活动中也保持着较高的环保意识，既有利于提高中国投资企业的国际形象，又维护了东道国良好的生态秩序，降低了东道国的生态治理成本。在那些生态环境相对较差，经济发展水平较低的国家，由于自身环保意识不强和单纯地渴望吸引外资发展本国经济的想法，通常采用降低环保标准来吸引更多外资入驻东道国的方式，带动当地经济增长。

5.3 进一步检验

首先，本书采用方差膨胀因子检验各变量之间是否存在多重共线性问题，检验结果发现各变量方差膨胀因子均小于 2，均值为 1.33，远小于 10，故认为各个变量之间不存在严重的多重共线性。但由于模型中引入了交互项，为了避免可能的共线性，本书在此对交互项进行中心化处理后再进行稳健性检验。其次，中国在共建"一带一路"国家直接投资主要集中在东盟地区，考虑到中国对共建"一带一路"国家直接投资存在区域分布不平衡现象，在此按照 5% 的比例，剔除样本中历年吸引中国对共建"一带一路"国家投资流量额和存量额都较高的三个国家：新加坡、印度尼西亚、俄罗斯，以及历年投资存量和流量都排名相对靠后的三个国家：马其顿、摩尔多瓦和黑山，以便解决中国在共建"一带一路"国家直接投资区域分布不均衡对计量回归结果可能造成的影响（Atkinson，2001；Riani，2010）。再次，考虑到影响一国经济增长的因素较多，但在计量分析中无法将全部影响要素都引入模型，在稳健性检验中本书参考洪俊杰等（2017）、石丽静（2017）的处理办法，结合第 2 章关于经济增长影响因素的相关文献，在稳健性检验中增加若干可能影响东道国经济增长的控制变量：中国与共建"一带一路"国家 i 两国首都之间地理距离的对数 dis、[1] 中国与这些国家 i 在 t 年是否

---

① 资料来源：CEPII 数据库，单位：千米。

签订了区域或双边自由贸易协定 *tre*，如果签订了自由贸易协定，该变量取 1，否则为 0、① 共建"一带一路"国家 *i* 在 *t* 年城镇化建设水平：包括东道国城镇人口数量的对数 *urb*1 和东道国城镇化建设质量指标 *urb*2：获得改善水源的城市人口所占百分比、② 共建"一带一路"国家 *i* 在 *t* 年经济自由程度 *fre*③ 和共建"一带一路"国家 *i* 在 *t* 年工业产业增加值的对数 *add*。④ 最后，考虑到各项调节变量与东道国经济增长可能存在"反向因果"带来的内生性问题。例如：一国经济发展水平越快，其制度、基础设施、生态环境和双边文化交流等情况也越好，且制度质量较高、基础设施越完善、生态环境越好和双边文化交流越频繁的国家对其经济发展有着较好的保障作用，同时影响东道国经济增长的因素较多，可能存在"遗漏变量"带来的内生性问题。由于当期的经济增长会受到上一期经济增长的影响，需要将被解释变量的滞后一期加入自变量之中，模型中被解释变量的滞后项 $\text{Ln}gdp_{it-1}$ 也会导致内生性问题，因此实证分析中内生性问题不可避免，工具变量可以在一定程度上解决内生性问题。但由于内生性变量较多，想要找到完全符合条件⑤的工具变量是比较困难的。布伦德尔和邦德（Blundell and Bond，1998）提出的系统 GMM 方法把水平和差分回归结合起来进行估计，在一定程度上克服了弱工具变量问题和内生性问题，估计结果具有较高的可信度。所以在此将所有自变量均滞后一期，并用 $\text{Ln}gdp_{it-2}$ 和各内生性变量的各自两阶滞后值作为工具变量，使用系统 GMM 方法进行回归来解决内生性这一问题。

在这节将使用国家风险指南发布的 11 项政治风险指标替代 WGI 数据的 6 项东道国制度指标来衡量东道国制度。国家风险指南（ICRG）

---

① 资料来源：中国自由贸易区服务网。

② 资料来源：世界银行数据库。

③ 资料来源：The Heritage Foundation。

④ 资料来源：世界银行数据库，现价美元。

⑤ 第一，工具变量与内生性变量高度相关；第二，工具变量与随机扰动项不相关。

的政治风险指标得分越高,说明一国在该项指标下的总体情况越好,反之则情况越差。由于总体样本容量有限,但 ICRG 的政治风险指标下面设有 11 个指标,所以本书将 11 项指标取平均数作为东道国制度的替换变量,以解决样本容量有限,但变量太多无法回归的难题。

本节在此替换双边文化交流的变量,用中国在"一带一路"国家孔子学院(课堂)总数代替孔子学院建立数量,以检验回归结果的稳健性。

本节使用共建"一带一路"东道国交通服务占商业服务出口比例、安全互联网服务器(每百万人)的对数值、通电率占人口的百分比和能源使用量的对数值(人均千克石油当量)替代东道国的四大基础设施建设情况来检验结果的稳健性。

本节使用共建"一带一路"国家人均 PM2.5 排放量(立方米)的对数值作为共建"一带一路"东道国生态环境指标的替换变量。

方程(1)为东道国制度指标做调节变量的稳健性检验;方程(2)为双边文化交流因素指标做调节变量的稳健性检验;方程(3)为东道国基础设施做调节变量的稳健性检验;方程(4)为东道国生态环境指标做调节变量的稳健性检验。

根据表 5.10 可知,方程(1)中,中国直接投资对因变量回归系数仍显著为正,说明在"一带一路"背景下,中国直接投资能显著促进东道国经济增长。东道国制度与中国直接投资的交互项对因变量的回归系数均显著为正,说明东道国制度质量越高,中国对共建"一带一路"国家直接投资越可以为东道国经济增长带来更大的促进作用,证实了在"一带一路"倡议背景下,东道国制度在中国直接投资与东道国经济增长关系问题上具有显著、正向的调节作用。

表 5.10　　　　　　　　　稳健性检验结果分析

变量	方程(1)	方程(2)	方程(3)	方程(4)
$Lngdp_{it-2}$	0.84 *** (5.46)	0.83 *** (3.73)	0.28 *** (6.83)	1.02 *** (3.29)

续表

变量	方程（1）	方程（2）	方程（3）	方程（4）
$\text{Ln}fdi_{it-1}$	0.07*** (2.33)	0.0030*** (7.49)	0.002 (1.52)	0.010*** (5.66)
$\text{Ln}fdi_{it-1} \times sys_{it-1}$	0.01*** (2.19)			
sys_{it-1}	3.1 (0.92)			
$\text{Ln}fdi_{it-1} \times con_{it-1}$		0.00006*** (2.32)		
con_{it-1}		1.02*** (3.31)		
$\text{Ln}fdi_{it-1} \times infr1_{it-1}$			-0.0001 (-1.25)	
$infr1_{it-1}$			6.29 (1.21)	
$\text{Ln}fdi_{it-1} \times infr2_{it-1}$			-0.00006*** (-3.62)	
$infr2_{it-1}$			3.78 (1.34)	
$\text{Ln}fdi_{it-1} \times infr3_{it-1}$			-0.00004*** (-2.74)	
$infr3_{it-1}$			3.98** (1.89)	
$\text{Ln}fdi_{it-1} \times infr4_{it-1}$			-0.0002*** (-4.29)	
$infr4_{it-1}$			0.10*** (2.20)	
$\text{Ln}fdi_{it-1} \times env_{it-1}$				0.001*** (4.77)
env_{it-1}				-5.02*** (-8.57)

续表

变量	方程（1）	方程（2）	方程（3）	方程（4）
pop_{it-1}	-0.002 (-0.28)	-0.006 (-1.28)	-0.010 (-0.58)	-0.048 (-1.41)
sav_{it-1}	0.002 (1.04)	0.01 (1.37)	0.002 (1.00)	0.002 (0.03)
ten_{it-1}	0.69 ** (1.90)	0.10 *** (4.95)	0.05 (0.85)	0.16 *** (3.36)
cap_{it-1}	7.41 (0.02)	1.51 (1.14)	1.04 (0.24)	1.73 (0.54)
inf_{it-1}	-0.02 (-0.86)	-0.01 (-1.38)	-0.02 *** (-2.42)	-0.01 *** (-6.35)
emp_{it-1}	1.12 *** (2.02)	2.04 *** (3.22)	1.60 (1.42)	4.94 *** (4.88)
dis_{it-1}	-0.01 *** (-2.33)	-0.002 *** (-2.61)	-0.003 (-1.52)	-0.02 *** (-3.52)
tre_{it-1}	0.41 (1.33)	0.09 (1.11)	0.78 (1.47)	0.22 (1.00)
$urb1_{it-1}$	3.10 *** (5.23)	1.98 *** (5.66)	2.04 *** (2.37)	2.02 *** (3.07)
$urb2_{it-1}$	0.20 (0.89)	0.21 (0.33)	0.26 (1.17)	1.00 *** (2.20)
fre_{it-1}	0.02 (1.09)	0.028 (1.56)	0.020 (0.41)	0.044 (1.16)
add_{it-1}	0.63 * (1.88)	0.63 (1.51)	0.57 (1.57)	0.69 (1.03)
$constant$	-8.36 *** (-4.96)	-19.42 *** (-3.77)	-18.4 *** (-5.27)	-20.47 *** (-6.61)
$AR(2)$	0.24	0.47	0.43	0.34
$Sargan\ test$	1	1	1	1

注：***、** 和 * 分别代表1%、5%和10%的显著水平，括号里数字是 z 值，$AR(2)$ 和 $Sargan$ 值为 P 值。

方程（1）中，核心解释变量中国对共建"一带一路"国家的直接投资、中国直接投资与这些国家孔子学院（课堂）总数的交互项对因变量东道国经济增长都有显著、正向的促进作用，说明中国对共建"一带一路"国家的直接投资活动确实促进了东道国的经济增长，且在"一带一路"倡议背景下，双边文化交流对中国直接投资与东道国经济增长的关系产生了正向调节作用，即双边文化交流越频繁，越会强化中国直接投资对共建"一带一路"东道国经济增长的促进作用。

　　方程（3）中，经过关键变量的替换之后，中国直接投资对因变量的回归系数显著为正，且各个交互项对因变量的回归系数均为负数，说明中国对共建"一带一路"国家直接投资能够有效地带动东道国经济发展，且当东道国基础设施需求越大，即东道国基础设施越不完善，越能够强化中国直接投资对东道国经济增长的促进作用。这一结果反映了共建"一带一路"国家基础设施比较匮乏的现状。

　　方程（4）中，经过关键变量的替换之后，中国直接投资对因变量回归系数显著为正，且交互项对因变量回归系数显著为正，说明中国对共建"一带一路"国家直接投资能够显著地促进东道国经济增长，且在加入东道国生态环境这一调节变量后，东道国生态环境越不理想，中国对共建"一带一路"国家的直接投资越能够带给东道国经济增长更大的促进作用。

　　控制变量方面，在"一带一路"倡议背景下，东道国通货膨胀、东道国人口数量以及中国和东道国的地理距离对因变量回归系数都为负数，说明这些因素都对东道国经济增长有负面影响，即东道国通货膨胀率越高、人口数量越多、两国地理距离越远越不利于东道国经济增长。东道国科技水平、东道国工业增加值、双边是否签署了自贸协定、东道国城镇化进程、东道国储蓄率提高、资本积累和就业率等变量对因变量的回归结果均为正数，说明这些因素的提高和快速发展都能促进东道国经济增长。

　　将表5.10与前文各个调节变量的全样本基准回归结果对比可发现，

相关解释变量的回归系数除了数值和显著性有所不同以外，回归系数的符号完全一致，表5.10的回归结果再次表明前文基准回归的所有估计结果是合理可信的。

5.4 双边投资协定和东道国贸易便利化对调节变量调节作用的影响

共建"一带一路"沿线国家贯穿亚欧非大陆，在这样一个包含多个国家的区域里，中国直接投资想要更好地进入东道国发挥它的经济增长效应，除了调节变量的影响之外，与双边投资协定和东道国贸易投资便利化、自由化程度也是息息相关的。

双边投资协定是两国政府为了促进和保护双边投资签署的法律文件，双边投资协定为投资企业提供了不同于国家制度的保护。双边投资协定在投资准入、投资待遇和争议处理等方面为直接投资企业提供了全面的保护。截至2016年，中国与共建"一带一路"56个国家签署了双边投资协定，为中国企业在共建"一带一路"国家直接投资活动提供了保障。所以，在共建"一带一路"环境下，如果两国签订了双边投资协定，那么相当于中国投资企业在东道国投资活动中有了"保护伞"，那么，调节变量的调节作用是否有所不同呢？

有研究表明，经济自由度和便利化程度越高，越能促进跨国企业的发展，提高外资流入东道国（李猛等，2011）。共建"一带一路"各个国家的经济发展存在较大差异，关税和非关税壁垒普遍较高，尤其是一些发展中家，所以共建"一带一路"国家的贸易、投资便利化水平普遍较低，这给中国投资企业进入东道国带来了极大挑战和成本。赫尔普曼（Helpman，1984）、杜瓦尔和乌托克瑟姆（Duval & Utoktham，2014）、刘洪铎等（2016）普遍认为东道国贸易便利化水平的提高有利于外资进入东道国。所以，如果东道国贸易便利化程度较高，意味着中国企业进入东道国手续简便，进入成本和"门槛"较低，如此能够抵消因其他方面风险造成的成本上升，是中国直接投资活动的另一种变相保护。那么，此时调节变量的调节作用是否又有不同呢？

本节根据孔庆峰等（2015）对贸易便利化指数的测算办法对 2010～2020 年共建"一带一路"国家进行了贸易便利化指标的测算。2010～2020 年整个共建"一带一路"国家贸易便利化算术平均数为 4.4，本书以这一均值为分界线，结合双边投资协定签订的情况，把共建"一带一路"国家分为两组，一组为贸易便利化、自由化水平较高且中国与该国签订双边投资协定的国家，[①] 在这些国家境内，说明中国投资企业不仅进入东道国相对便利，手续简单，进入成本少，而且进入后还能得到双边投资协定的保障，该组为样本一；另一组为贸易便利化水平较低或没与中国签订双边贸易协定的国家，[②] 在这些国家境内，中国投资企业或进入东道国手续复杂、进入风险成本和"门槛"较高，或进入东道国后得不到双边协定的"庇护"，该组为样本二。由于模型自变量中含有因变量滞后期，广义矩估计法能有效地对动态面板数据进行估计。差分 GMM 的一个缺点是容易导致弱工具变量问题，而系统 GMM 将差分 GMM 和水平 GMM 方程放入一个系统中进行估计，可以更有效地对动态面板进行，所以在此采用系统 GMM 方法通过分组回归来检验在"一带一路"环境下，这些调节因素在中国直接投资与双边经济增长关系中的调节作用是否会因为东道国贸易便利化程度和双边投资协定签订差异而有所不同。

由于分样本之后，样本容量大大减少，所以在此引入《全球竞争力报告》中对各个国家基础设施总体情况的评分作为一国基础设施总情况的衡量指标，如此便可以解决由于自变量个数太多而无法分样本回归的难题。

---

① 新加坡、马来西亚、印度尼西亚、泰国、菲律宾、土耳其、阿联酋、沙特、卡塔尔、阿曼、以色列、波兰、捷克、斯洛伐克、匈牙利、斯洛文尼亚、克罗地亚、罗马尼亚、保加利亚、马其顿、爱沙尼亚、立陶宛。

② 哈萨克斯坦、吉尔吉斯斯坦、塔吉克斯坦、缅甸、老挝、缅甸、越南、文莱、巴基斯坦、孟加拉国、尼泊尔、伊朗、巴林、黎巴嫩、也门、亚美尼亚、阿塞拜疆、埃及、黑山、乌克兰、摩尔多瓦。

方程（1a）和方程（1b）是在"一带一路"背景下，双边投资协定与东道国贸易便利化程度对东道国制度调节作用的影响，方程（1a）是样本一的回归结果，方程（1b）是样本二的回归结果。方程（2a）和方程（2b）是在"一带一路"背景下，双边投资协定与东道国贸易便利化程度对双边文化交流因素调节作用的影响，方程（2a）是样本一的回归结果，方程（2b）是样本二的回归结果。

根据表5.11的方程（1a）和方程（1b）可知，中国对共建"一带一路"国家直接投资无论在哪一个回归方程下，都能显著地促进东道国的经济增长，这一作用具有普遍性。在贸易便利化程度较高且与中国签订了双边投资协定的国家，交互项 $fdi_{it} \times sys_{it}$ 对因变量的回归系数显著为负；在那些贸易便利化程度低或没有与中国签订双边投资协定的国家，交互项 $fdi_{it} \times sys_{it}$ 对因变量的回归系数为正数，这表明，在"一带一路"环境下，东道国制度对中国直接投资与东道国经济增长关系中的调节作用受到了东道国贸易便利化程度高低和是否签订了双边投资协定的影响。

表5.11　双边投资协定与东道国贸易便利化对调节变量调节作用的影响 – 1

变量	东道国制度		双边文化交流	
	方程（1a）	方程（1b）	方程（2a）	方程（2b）
$\mathrm{Ln}gdp_{it-1}$	0.78 *** (2.22)	0.59 (1.52)	0.84 *** (3.53)	0.68 *** (5.29)
$\mathrm{Ln}fdi_{it}$	0.002 *** (5.10)	0.01 *** (2.02)	0.003 *** (2.55)	0.001 ** (1.92)
$\mathrm{Ln}fdi_{it} \times sys_{it}$	– 0.00045 *** （– 2.87）	0.01 (1.41)		
sys_{it}	6.32 (1.37)	– 1.35 （– 1.03）		
$\mathrm{Ln}fdi_{it} \times con_{it}$			0.00017 *** (2.09)	0.0003 * (1.88)

续表

变量	东道国制度		双边文化交流	
	方程 (1a)	方程 (1b)	方程 (2a)	方程 (2b)
con_{it}			9. 2 *** (4. 32)	5. 28 *** (3. 01)
pop_{it}	− 0. 022 *** (− 3. 00)	− 0. 025 (− 1. 36)	− 0. 03 *** (− 9. 09)	− 0. 02 *** (− 2. 20)
sav_{it}	0. 0017 (0. 04)	0. 001 (1. 06)	0. 0011 (1. 41)	0. 002 *** (6. 39)
ten_{it}	0. 90 (1. 27)	0. 62 * (1. 84)	0. 47 *** (2. 10)	0. 011 *** (3. 61)
cap_{it}	1. 37 (0. 51)	3. 47 (0. 57)	1. 21 (1. 48)	1. 32 (1. 05)
inf_{it}	− 0. 0079 *** (− 3. 82)	− 0. 008 *** (− 2. 77)	− 0. 0027 (− 0. 66)	− 0. 009 (− 0. 36)
emp_{it}	3. 28 *** (7. 31)	4. 36 *** (2. 13)	7. 7 (1. 17)	1. 36 (0. 89)
constant	65. 55 (0. 15)	17. 63 (0. 65)	96. 51 *** (2. 21)	− 24. 39 (− 0. 45)
$AR(2)$	0. 19	0. 38	0. 18	0. 68
Sargan test	1	1	1	1

注：*** 、** 和 * 分别代表 1%、5% 和 10% 的显著水平，括号里数字是 z 值，$AR(2)$ 和 Sargan 值为 P 值。

在那些贸易便利化程度较高且与中国签订了双边投资协定的国家，交互项回归系数显著为负，说明此时东道国制度弱化了中国直接投资对东道国经济增长的促进作用。可能的原因在于：一方面，双边投资协定对中国投资企业的投资待遇、争端解决办法和投资权利义务等方面有了明确规定，为中国企业在共建"一带一路"国家投资活动提供了安全保障。如此一来，双边投资协定弥补了东道国制度不足这一缺陷，变相提高了中国投资企业的预期收益，这一结果与一些学者的研究成果一致：李晓敏等（2017）、宗芳宇等（2012）也都认为双边投资协定与东道国制度存在替代关系。另一方面，东道国贸易便利化、自由化程度越高，中国投资企业进入东道国就越便利，少了很多进入"门槛费用"，变相抵销了由于东道国制度不理想所造成的"损失"，有利于投资企业直接投资活动的进行。在那些贸易便利化程度低或没有与中国签订双边投资协定的国家，交互项系数为正数，说明此时东道国制度越好，越能强化中国直接投资对东道国经济增长的促进作用。可能原因在于：在缺少了双边投资协定的"庇护"和经历了较高的投资准入"门槛"后，中国企业的直接投资风险和成本大大提高，如果此时东道国制度良好的话，能相对抵销这些"负面影响"，如果东道国制度较差，那么中国企业的对外直接投资活动必然面临亏损、成本增加甚至撤资的风险，无法带给东道国预期的经济促进作用。这一差异性结果表明了在"一带一路"背景下，双边投资协定的签订和东道国贸易投资自由化程度对中国直接投资活动经济增长效应的重要性。

根据表 5.11 的方程（2a）和方程（2b）可知，无论在共建"一带一路"国家哪个区域内，中国直接投资都能够带给东道国经济增长显著、正向的促进作用。无论是在东道国贸易便利化程度较高且与中国有双边投资协定的国家还是东道国贸易便利化程度较低或与中国并未签订双边协定的国家，孔子学院数量与中国直接投资交互项 $fdi_{it} \times con_{it}$ 对因变量回归系数均显著为正，这说明双边文化交流在中国对共建"一带一路"国家直接投资与东道国经济增长关系中的调节作用，并未因为东道国贸易便利化程度与双边投资协定的签订与否而有所不同。

在东道国贸易便利化程度较高且与中国签订双边投资协定的国家，孔子学院数量越多即双边文化交流越频繁，越能强化中国直接投资给东道国经济增长的促进作用。可能的原因在于：虽然中国与该地区政府签订了双边投资协定保护了中国投资企业在东道国的投资安全，东道国便利化程度较高降低了企业的进入"门槛"成本，但这些样本国家多数都在中东欧地区，与中国有着较远的地理距离和文化距离（Koguth &

Singh, 1998), 而文化距离和地理距离会影响直接投资的投资决策 (Straubhar et al., 1991; 臧新等, 2012)。所以, 双边文化交流以及中国文化的输出仍在这些国家对中国 "一带一路" 直接投资的东道国经济增长效应具有显著的正向调节作用。在那些东道国贸易便利化程度较低或与中国没有签订双边投资协定的国家, 意味着中国投资企业的风险本来就相对较高, 双边文化交流对中国直接投资给东道国经济增长的强化作用显得更加重要。

双边文化交流在中国 "一带一路" 直接投资与东道国经济增长关系中的调节作用并未因为东道国贸易便利化程度与双边投资协定的签订与否而有所不同。可能的原因在于: 一方面, 中国投资企业的对外直接投资活动主要在东道国展开, 且投资活动一般时间相对较长, 对东道国经济增长促进的影响机制较为复杂, 并不是投资额多就能带动东道国经济增长的, 这一结果要受到各方面因素的影响, 需要更多方面的保障, 文化就是其中之一。另一方面, 双边投资协定和东道国投资便利化对文化融合的替代弥补作用在短期内不强, 文化更多影响到主观意识、价值观等层面, 人意识行为的转变是潜移默化的, 它对经济增长的影响是长期的, 按照直接投资活动在东道国的活动周期来算, 文化差异的负面作用并不是通过双边投资协定和提高贸易投资便利化程度能够在短时间内全部弥补的, 所以这一调节作用并没有受到双边投资协定的签订与否和东道国贸易便利化水平的不同而有所差异。这一回归结果充分表明了在 "一带一路" 倡议背景下, 加强双边文化交流对于中国直接投资对东道国经济增长促进作用的重要影响。

表 5.12 中方程 (3a) 和方程 (3b) 是在 "一带一路" 倡议背景下, 双边投资协定与东道国贸易便利化程度对东道国基础设施调节作用的影响, 方程 (3a) 是样本一的回归结果, 方程 (3b) 是样本二的回归结果。方程 (4a) 和方程 (4b) 是在 "一带一路" 倡议背景下, 双边投资协定与东道国贸易便利化程度对东道国生态环境调节作用的影响, 方程 (4a) 是样本一的回归结果, 方程 (4b) 是样本二的回归结果。

表5.12　双边投资协定与东道国贸易便利化对调节变量调节作用的影响 - 2

变量	东道国基础设施		东道国生态环境	
	方程 （3a）	方程 （3b）	方程 （4a）	方程 （4b）
$Lngdp_{it-1}$	0.94 *** (5.04)	0.56 *** (2.67)	0.52 *** (6.18)	0.47 *** (2.05)
$Lnfdi_{it}$	0.0004 *** (2.00)	0.003 *** (6.33)	0.00011 *** (2.07)	0.0008 *** (2.41)
$Lnfdi_{it} \times infr_{it}$	- 0.00083 (- 0.97)	- 0.0004 *** (- 3.62)		
$infr_{it}$	1.19 (0.60)	1.43 *** (6.62)		
$Lnfdi_{it} \times env_{it}$			4.27 *** (3.40)	0.01 *** (2.05)
env_{it}			- 4.26 *** (- 3.69)	- 1.37 *** (- 3.53)
pop_{it}	- 0.054 *** (- 10.24)	- 0.015 *** (- 2.73)	- 0.054 (- 0.02)	- 0.03 (- 0.04)
sav_{it}	0.0015 *** (9.53)	0.004 *** (8.66)	0.006 *** (10.86)	0.001 *** (2.30)
ten_{it}	0.19 *** (5.60)	0.20 *** (5.73)	0.018 *** (4.70)	0.02 * (1.83)
cap_{it}	1.63 *** (16.88)	2.56 *** (5.29)	1.45 * (1.80)	2.41 * (1.79)
inf_{it}	- 0.2 (- 1.12)	- 0.08 *** (- 2.12)	- 0.33 *** (- 2.52)	- 0.25 *** (- 2.00)
emp_{it}	1.92 *** (3.50)	4.65 *** (6.52)	1.00 *** (2.92)	1.59 (1.66)
$constant$	37.17 *** (7.64)	- 34.12 *** (- 10.34)	- 51.48 *** (- 2.27)	- 19.48 (- 1.31)
$AR(2)$	0.34	0.37	0.31	0.41
$Sargan\ test$	1	1	1	1

　　注： *** 、 ** 和 * 分别代表1%、5%和10%的显著水平，括号里数字是 z 值， $AR(2)$ 和 $Sargan$ 值为 P 值。

根据表 5.12 的方程（3a）和方程（3b）可知，无论在哪个样本区域，中国直接投资都能够带给"一带一路"东道国经济增长正向、显著的促进作用，这一作用具有普遍性。

在那些东道国贸易便利化水平较高且与中国签订了双边投资协定的国家，东道国基础设施与中国直接投资的交互项对因变量回归结果虽然为负数，但并不显著，说明这一调节作用并不显著，即东道国基础设施即使并不理想，也没有对中国直接投资给东道国经济增长的促进作用带来显著变化。可能的原因在于：一方面，这些国家多是"一带一路"经济发展水平和基础设施建设相对较为良好的国家，如新加坡、马来西亚、阿联酋等，相对于其他基础设施极其匮乏的东道国，中国对这些国家基础设施领域的投资可能并没有非常强的竞争力。另一方面，这些国家贸易便利化水平都较高，说明中国直接投资进入东道国更便捷，且有双边投资协定的保障，更多技术密集型、高附加值的投资项目纷纷进入这些区域，而不再是基础设施投资"一枝独秀"（吴勇毅，2015），所以东道国基础设施投资对中国直接投资给东道国经济增长的促进作用影响差异性不大，这也为日后中国在共建"一带一路"国家优化投资产业结构提供了较好的思路。在那些贸易便利化程度较低或者并未与中国签订双边投资协定的国家，交互项 $fdi_{it} \times infr_{it}$ 对因变量回归系数显著为负，说明东道国基础设施建设缺口越大，越能强化中国直接投资对东道国经济增长的促进作用。说明在这些区域内即使中国直接投资进入"门槛"较高或没有双边投资协定的保障，但由于该区域基础设施十分不理想，基础设施需求缺口较大，所以中国在该地区的基础设施投资若能改善其基础设施水平，将大大刺激东道国经济增长。所谓"高风险、高收益"，说明东道国基础设施建设需求对中国投资企业的吸引力较大，更充分表明了一国基础设施建设水平越差，其贸易便利化程度越低，中国与其签订双边投资协定的可能性越低。

根据表 5.12 的方程（4a）和方程（4b）可知，无论在共建"一带一路"国家哪个区域，中国直接投资都能显著地促进东道国经济增长，这一作用具有普遍性。无论是在东道国贸易便利化程度高且签订双边投资协定的国家，还是贸易便利化程度较低或没有签订双边投资协定的国家，东道国生态环境越不理想，或者东道国生态环保标准越低，就越有利于中国投资企业发挥对东道国经济增长的促进作用，这说明在"一带一路"背景下，东道国生态环境对中国直接投资与东道国经济增长关系中的调节作用并未因为东道国贸易便利化水平和是否签订双边投资协定的差异而有所区别。

在贸易便利化程度较高且与中国签订双边投资协定的国家，东道国生态环境越不理想，或者东道国生态环保标准越低，越有利于中国直接投资对东道国经济增长的促进作用。可能的解释是：一方面，贸易便利化程度较高且与中国签订双边投资协定的国家多是经济发展水平和生态环境相对较好的国家。例如，新加坡是国际闻名的"花园城市"，在新加坡不仅国民环保意识较高，而且政府在绿化方面有着较为健全的绿化法律法规，惩罚严苛，所以即使中国与其有着双边投资协定的保障，也必须遵守东道国的环保准则，如此一来会增加中国投资企业的环保成本，压缩投资利润空间。如果这些国家能够降低对外来投资企业的投资环保标准，为外资企业专门制定稍低于本国环保治理的标准，将会有利于外资的进入和其经济促进作用的发挥。另一方面，这些国家贸易便利化程度较高，意味着中国投资企业准入门槛较低，所以各行业的中资企业纷纷"走出去"到东道国进行投资活动，但中资企业尤其是中小型企业投资活动法律意识相对淡薄、环保意识与社会责任意识不够（张豪等，2016），容易引发因为环境保护问题而产生的纠纷和风险成本，不利于企业投资活动。在这类国家和地区，如果东道国能对来自中国的投资降低投资环保标准的话，更容易强化中国直接投资对东道国经济增长的促进作用。在贸易便利化程度较低或与中国尚未签订双边投资协定的国家，中国直接投资活动本就面临更高的进入成本和投资风险，所以东道国生态环境越脆弱，生态环保标准越低，越有利于中国投资企业降低生态保护成本，越能够强化中国直接投资对东道国经济增长的促进作用。这与现阶段共建"一带一路"国家经济发展水平、经济增长方式和中国直接投资产业与项目有着密不可分的关系。

综上所述，在"一带一路"倡议背景下，东道国制度对中国直接投资与东道国经济增长关系中的调节作用会因为双边投资协定签订与否和东道国贸易便利化程度的高低而有所差别，所以在东道国制度较差的国家，双边投资协定对投资企业的保护作用显得尤为重要。在"一带一路"倡议背景下，双边文化交流和东道国生态环境对中国直接投资与东道国经济增长关系中的调节作用不会因为双边投资协定和东道国贸易便利化而有所差别，这也充分体现了在共建"一带一路"国家直接投资中，双边文化交流和加强投资企业环保意识的重要性。在"一带一路"倡议背景下，在签订了双边投资协定和较高贸易便利化程度的样本国家中，东道国基础设施对中国直接投资与东道国经济增长关系中的调节作用并不显著，而在未签订双边协议和低贸易便利化程度的样本国家中，东道国基础设施对中国直接投资与东道国经济增长关系中有负向显著调节作用，这也充分反映了共建"一带一路"国家基础设施建设的巨大缺口。

5.5 对非共建 "一带一路" 国家直接投资与东道国经济增长的简要分析

上述内容较为详细地从东道国制度、双边文化交流、东道国基础设施和东道国生态环境等视角阐述了在"一带一路"倡议背景下，中国直接投资与东道国经济增长的关系以及几项调节变量对这一关系的调节作用。基于已有的文献可知，影响直接投资的经济增长效应在不同经济发展水平的国家可能有所不同。那么，对中国企业来说，调节变量对中国直接投资与东道国经济增长关系的调节作用是否在共建"一带一路"国家和非共建"一带一路"国家有显著的差异呢？本节选择 2003 ~ 2021 年中国对外直接投资历年投资流量和存量都排名较为靠前的 20 个国家,① 使用系统 GMM 方法进行回归，与中国在共建"一带一路"国家直接投资的东道国经济增长效应做一个简单对比分析，由于非共建"一带一路"国家并不是本书的研究对象和重点，所以这只做简单对比分析，解释变量和被解释变量均与方程（5.1）一致。

但非共建"一带一路"国家选择样本国家个数较少，无法承受太多自变量的回归分析，在此引入《全球竞争力报告》中对各个国家基础设施总体情况的评分作为一国基础设施总情况的衡量指标，如此便可以解决由于自变量个数太多而无法回归的难题。

方程（1）引入了东道国制度变量以及东道国制度与中国直接投资的交互项，方程（2）引入了双边文化交流变量以及双边文化交流与中国直接投资的交互项，方程（3）引入了东道国基础设施变量以及东道国基础设施与中国直接投资的交互项，方程（4）引入了东道国生态环境变量以及东道国生态环境与中国直接投资的交互项。通过回归结果，对比各项调节变量对中国直接投资与东道国经济增长关系的调节作用在共建"一带一路"国家和非共建"一带一路"国家是否有显著的差异。

由表 5.13 可知，方程（1）～方程（4）中，中国对非共建"一带一路"国家的直接投资对因变量回归系数均为正，但都不显著，说明中国对非共建"一带一路"国家的直接投资给东道国经济增长没有带来显著的促进作用，由于使用的非共建"一带一路"样本国家经济都较为发达，所以中国直接投资对东道国经济增长来说并不是十分重要的因素，这一点与中国对共建"一带一路"国家直接投资不同，进一步证明了中国直接投资对拉动共建"一带一路"国家经济增长的重要地位。

---

① 美国、澳大利亚、加拿大、德国、卢森堡、法国、英国、韩国、新西兰、日本、瑞士、中国香港、中国澳门、巴西、瑞士、挪威、南非、西班牙、芬兰、牙买加。

表 5.13　对非共建"一带一路"国家直接投资与东道国经济增长的简要分析

变量	方程（1）	方程（2）	方程（3）	方程（4）
$\mathrm{Ln}gdp_{it-1}$	0.73 *** (3.36)	0.89 *** (2.67)	0.69 *** (5.43)	0.72 *** (2.31)
$\mathrm{Ln}fdi_{it}$	0.0001 (1.33)	0.00004 (0.92)	0.0002 (1.22)	0.0004 (1.07)
$\mathrm{Ln}fdi_{it} \times sys_{it}$	0.00005 *** (5.09)			
sys_{it}	0.92 *** (7.46)			
$\mathrm{Ln}fdi_{it} \times con_{it}$		0.23 *** (3.47)		
con_{it}		2.04 (1.30)		
$\mathrm{Ln}fdi_{it} \times infr_{it}$			0.0002 *** (21.60)	
$infr_{it}$			6.38 *** (2.68)	
$\mathrm{Ln}fdi_{it} \times env_{it}$				−0.003 *** (−14.79)
env_{it}				0.78 *** (13.58)
pop_{it}	−0.0001 (−1.49)	−0.00002 (−0.73)	−0.0002 (−1.06)	−0.0001 (−0.68)
sav_{it}	0.73 (1.12)	0.028 (1.25)	0.025 (0.33)	0.36 * (1.89)
ten_{it}	0.62 *** (4.79)	0.35 *** (10.31)	0.09 *** (3.69)	0.61 *** (5.74)
cap_{it}	0.2 (1.02)	0.5 *** (2.61)	0.0001 (0.17)	0.002 (0.20)
inf_{it}	−0.85 *** (−14.78)	−1.08 (−1.15)	−0.69 *** (−5.61)	−1.34 (−0.94)

续表

变量	方程（1）	方程（2）	方程（3）	方程（4）
emp_{it}	7.26*** (10.77)	8.91*** (24.30)	6.49*** (18.49)	3.24* (18.91)
constant	1.74 (0.95)	-5.47 (-1.09)	3.46 (0.67)	-6.57 (-0.49)
$AR(2)$	0.66	0.79	0.63	0.72
Sargan test	1	1	1	1

注：***、** 和 * 分别代表 1%、5% 和 10% 的显著水平，括号里数字是 z 值，AR(2) 和 Sargan 值为 P 值。

方程（1）中，交互项 $fdi_{it} \times sys_{it}$ 对因变量回归系数显著为正，说明非共建"一带一路"国家东道国制度强化了中国直接投资对东道国经济增长的促进作用，这一结果与中国在共建"一带一路"国家直接投资结果高度一致。说明东道国制度越好，中国对东道国经济增长促进作用越大。可能的原因在于，这些国家虽然经济发展水平较高，但样本国家中为数不少的国家尚未与中国签订双边投资协定，或者已经签订双边投资协定但并未生效，所以这时中资企业在东道国的投资活动更需要东道国制度的保障。所以，东道国制度对中国直接投资与其经济增长关系的调节作用在共建"一带一路"国家和非共建"一带一路"国家并无差异，也说明中国直接投资若想促进东道国经济增长，离不开当地良好的制度环境作为保障。

方程（2）中，交互项 $fdi_{it} \times con_{it}$ 对因变量回归系数显著为正，且从数值上看回归系最大可在共建"一带一路"国家的回归结果（见表 5.4），说明双边文化交流对中国在非共建"一带一路"国家直接投资与东道国经济增长关系之间有显著的正向调节作用，这一结果与中国在共建"一带一路"国家直接投资结果相同（共建"一带一路"国家有显著正向调节作用）。可能的解释为：非共建"一带一路"样本国家多为美洲和欧洲国家，与中国地理距离和文化距离相对较远，且这些国家与中国在意识形态等方面相差较大，加强双边文化交流对于增进彼此了解，消除文化差异尤为重要，对促进直接投资带来的经济增长效应有着重要影响。所以这一结果凸显了在"一带一路"背景下，双边文化交流对中国直接投资经济增长效应的发挥有着重要作用。

方程（3）中，与共建"一带一路"国家不同的是，在非共建"一带一路"样本国家回归中，基础设施与直接投资的交互项 $fdi_{it} \times infr_{it}$ 对因变量回归结果显著为正，说明在非共建"一带一路"国家，东道国基础设施越完善，中国直接投资越能促进东道国经济增长。可能的解释为：中国在非共建"一带一路"国家直接投资主要集中在制造业等领域，而基础设施对于发展制造业企业经营是一个十分重要的基础，所以这一结果与中国在共建"一带一路"国家直接投资的情况完全相反。因此，在"一带一路"背景下，东道国基础设施对中国直接投资与其经济增长关系的负向调节作用是由共建"一带一路"国家基础设施现状所决定的。

方程（4）中，与共建"一带一路"国家不同的是，在非共建"一带一路"国家的回归结果中，东道国生态环境与中国直接投资的交互项 $fdi_{it} \times env_{it}$ 对因变量回归结果显著为负，说明东道国生态环境越好，或东道国生态环保标准越高，越有利于中国直接投资对东道国经济增长的促进作用。主要的原因在于，非共建"一带一路"样本国家多为经济发展较快、本国环保标准较高或生态环境管理体制较为健全的国家，在这些国家内进行直接投资必须满足国内高标准的环保要求，这就迫使中国投资企业不得不改变投资策略，加大环保投入，开发新的环保技术，如此一来，不仅满足了东道国的投资环保标准，降低了东道国治理污染的成本，也带动了东道国的经济增长。以上结果再一次证实了在"一带一路"背景下，东道国生态环境对中国直接投资与东道国经济增长的"正向"调节作用有着明显的"一带一路"标签。

综上所述，无论是在"一带一路"背景下，还是在非"一带一路"背景下，东道国制度对中国直接投资与东道国经济增长的关系都有正向显著的调节作用，说明若要强化中国直接投资对东道国经济增长的促进作用，离不开良好的东道国制度作保障。与非共建"一带一路"国家不同的是，在"一带一路"环境下，东道国基础设施对中国直接投资与东道国经济增长关系有着显著的负向调节作用。与非共建"一带一路"国家不同的是，共建"一带一路"的东道国生态环境对中国直接投资与东道国经济增长关系有着显著的"正向"调节作用，这与共建"一带一路"国家经济发展现状和中国直接投资在共建"一带一路"国家直接投资行业集中度有密切关系，具有明显的"一带一路"建设特征。相较于非共建"一带一路"国家，在"一带一路"背景下，双边文化交流因素对中国直接投资的东道国经济增长效应有着更为重要的促进作用，这也反映了共建"一带一路"东道国文化差异确实带给中国直接投资一定的风险，需要强化双边文化交流来抵御这一不良影响。

5.6　本章小结

本章以东道国制度、双边文化交流、东道国基础设施情况、东道国生态环境等作为调节变量，检验了这些变量在"一带一路"背景下，对中国直接投资与东道国经济增长关系的影响。实证结果表明，第一，根据基准回归分析，在"一带一路"背景下，东道国制度越好、双边文化交流越频繁、东道国基础设施需求越大、东道国生态环境越不理想或东道国环保标准越低，越能强化中国对东道国经济增长的直接促进作用。第二，根据分区域回归结果，与共建"一带一路"国家全样本基准回归不同的是，在东南亚和中东欧地区，东道国制度能够弱化中国直接投资对东道国经济增长的促进作用；在东南亚地区，东道国基础设施建设越完善，越能够强化中国直接投资对东道国经济增长的促进作用；在东南亚和中东欧地区，东道国生态环境越好，环保标准越高，越能强化中国直接投资对东道国经济增长的促进作用。第三，在"一带一路"

背景下，中国直接投资活动无论是否考虑各项调节因素的影响都能显著地促进东道国的经济增长，这说明中国直接投资并不是某些西方国家眼中的"资源掠夺"活动，中国对共建"一带一路"国家的直接投资对东道国经济增长是有正面作用的。第四，在"一带一路"背景下，东道国制度对中国直接投资与东道国经济增长关系的调节作用会因为东道国贸易便利化水平高低与双边投资协定签订与否有所差异。第五，在"一带一路"背景下，双边文化交流和东道国生态环境对中国直接投资与东道国经济增长关系的调节作用都不会因为东道国贸易便利化水平高低与双边投资协定签订与否有所差异。第六，东道国基础设施、东道国生态环境以及双边文化交流对中国直接投资与东道国经济增长关系中的调节作用存在着明显的共建"一带一路"和非共建"一带一路"差异。

第6章

中国对共建"一带一路"国家直接投资与母国经济增长的关系研究

随着中国"一带一路"倡议的提出,出现了大量中国"一带一路"直接投资对母国宏观经济影响的研究。这些研究多是从直接投资对母国产业升级、逆向技术溢出、母国就业效应、母国对外贸易或母国某一省份经济增长的角度去展开,然而在"一带一路"背景下,定量分析中国直接投资对母国经济增长以及有哪些因素影响了中国直接投资母国经济增长效应的研究相对较少。

"一带一路"倡议的实施以及中国对共建"一带一路"国家的直接投资活动为中国也带来了重要机遇。首先,共建"一带一路"国家有着一定的市场规模,与中国经济互补度较高,有着巨大的投资潜力,对于中国与这些国家开展更为深入的经济合作关系、实现资源优化配置、提高中国人民生活水平和劳动力就业等方面都有十分重要的意义。其次,我国具有产业链供应链优势,我国有健全的工业体系、较为先进的技术水平和工业流程。我国产业链供应链与共建国家互补性强,与共建"一带一路"国家协作发展潜力巨大,为我国与共建国家产业合作提供了广阔空间。在"一带一路"产能合作框架下,中国与共建"一带一路"国家积极开展产业合作,不仅加速了共建国家的现代化进程,还为其提供了更多的发展动力,为其创造了更多的就业机会和经济增长点。再次,中国的国内资本和外汇储备都相对充足,将其投入到国际市场,对于合理配置生产要素资源,带来资本增值有一定的意义。最后,中国在石油、天然气等能源方面多依靠进口满足国内需求,共建"一带一路"的部分国家自然资源丰富,通过对外直接投资,可以有效缓解中国当前自然资源缺乏的局面。

从第4章、第5章可知,中国在共建"一带一路"国家的直接投资活动容易受到多方面的风险,并且中国直接投资是共建"一带一路"国家经济增长的重要动力之一,但中国直接投资与东道国经济增长的关系受到了诸多因素的影响,若想发挥中国直接投资对东道国经济增长的促进作用,必须全面考虑到各个调节因素的影响。同时,各项调节变量在共建"一带一路"国家不同区域对中国直接投资与东道国经济增长关系的调节作用不仅有一定差异性,而且会因为双边投资协定和东道国贸易便利化水平有所不同。那么,在"一带一路"背景下,中国直接投资与母国经济增长的关系是怎样的呢?各项调节变量对中国直接投资母国经济增长效应的调节作用与东道国会有所不同吗?为了全面考虑在"一带一路"背景下,中国直接投资所带来的双边经济增长效应,本章将从母国角度出发,建立中国对共建"一带一路"国家直接投资对母国经济增长影响的实证模型,并对比分析中国直接投资对东道国经济增长和对母国经济增长作用的不同。

本章将作如下安排:第一部分为研究设计,包括建立数理模型、变量的选取、变量数据来源等。第二部分将以共建"一带一路"国家为研究对象,分析中国直接投资对母国经济增长的影响以及调节变量对这两者关系的调节作用。第三部分为稳健性检验,经过替换核心变量,检验前期基准回归的稳健性。第四部分分析双边投资协定与东道国贸易便利化程度对调节变量调节作用的影响。第五部分将通过非共建"一带一路"国家,对比分析中国直接投资对母国经济增长的影响在共建"一带一路"国家与非共建"一带一路"国家的不同。第六部分为本章小结。

6.1 研究设计

6.1.1 建立数理模型

根据第 3 章将直接投资变量和调节变量引入索洛经济增长模型的理论推导，并结合第 2 章经济增长影响因素的文献回顾，本章实证研究的依据框架如图 6.1 所示。

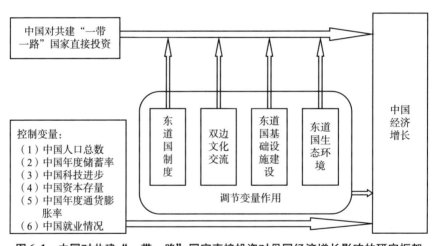

图 6.1 中国对共建 "一带一路" 国家直接投资对母国经济增长影响的研究框架

根据第 3 章的理论分析和图 6.1 的研究框架图，本章建立如下实证模型：

$$\text{Ln}chgdp_t = \alpha + \beta_1 \text{Ln}chgdp_{t-1} + \beta_2 \text{Ln}X_{it} + \beta_3 M_{it}$$
$$+ \beta_4(\text{Ln}X_{it} \times M_{it}) + \beta_5 Z_t + f_i + \varepsilon_{it} \tag{6.1}$$

方程（6.1）各变量的具体含义如下：

因变量 $chgdp_t$ 表示中国 t 年的人均 gdp（单位：现价美元）；

$chgdp_{t-1}$ 表示中国在 $t-1$ 年的人均 gdp。Ln 表示对该变量取对数。

X_{it} 为核心解释变量,代表 t 年中国对共建 "一带一路" 国家 i 直接投资存量额 (Liang,2006;Perkins & Neumayer,2009)。Ln 表示对该变量取对数。

M_{it} 为调节变量,本章使用的调节变量有:东道国制度、双边文化交流、东道国基础设施和东道国生态环境。调节变量的含义、选取原因及标准与第 5 章方程 (5.1) 相同,在此就不再进一步解释。

Z_t 代表控制变量,引入可能影响中国经济增长的其他因素。主要有:中国 t 年人口总数的对数值 pop_t;中国 t 年储蓄率 sav_t;中国 t 年技术进步 ten_t(用中国的科技文章发表数量的对数值表示);中国 t 年的资本存量 cap_t(用中国固定资本形成额占 GDP 比重表示);中国在 t 年的通货膨胀率 inf_t;中国在 t 年的就业情况 emp_t(用中国的就业人数占总人口的比重表示)。

影响一国经济增长的因素是复杂的,但由于数据的可得性以及样本容量的关系,无法将所有影响中国经济增长的元素都纳入模型中,也为了与第 5 章回归方程相对应,综合考虑下本书引入了以上控制变量,但由此可能产生 "遗漏变量" 的内生性问题,文章在稳健性检验部分做了相应处理。

f_i 表示地区固定效应,$\varepsilon_{i,t}$ 为随机扰动项。本书选择共建 "一带一路" 样本国家有 60 个,[①] 时间跨度为 2003～2021 年。

---

① 哈萨克斯坦、乌兹别克斯坦、吉尔吉斯斯坦、塔吉克斯坦、土库曼斯坦、新加坡、马来西亚、印度尼西亚、缅甸、泰国、老挝、柬埔寨、越南、文莱、菲律宾、巴基斯坦、孟加拉国、阿富汗、斯里兰卡、马尔代夫、尼泊尔、伊朗、土耳其、叙利亚、伊拉克、阿联酋、沙特、卡塔尔、巴林、科威特、黎巴嫩、阿曼、也门、约旦、以色列、亚美尼亚、格鲁吉亚、阿塞拜疆、埃及、波兰、捷克、斯洛伐克、匈牙利、斯洛文尼亚、克罗地亚、罗马尼亚、保加利亚、塞尔维亚、黑山、北马其顿、波斯尼亚、阿尔巴尼亚、爱沙尼亚、立陶宛、拉脱维亚、乌克兰、白俄罗斯、摩尔多瓦、蒙古国、俄罗斯。

6.1.2　模型说明

各变量具体含义以及数据来源如表 6.1 所示。

表 6.1　　　　　　　方程 6.1 变量具体含义以及数据来源

变量	变量名称	符号	数据来源
因变量	中国经济增长	$chgdp_t$	世界银行数据库
核心解释变量	中国对共建"一带一路"国家直接投资存量	fdi_{it}	《中国对外直接投资统计公报》
调节变量	共建"一带一路"国家制度指标	sys_{it}	全球治理数据库
	中国在共建"一带一路"国家建立的孔子学院数量	con_{it}	《孔子学院年度报告》
	共建"一带一路"国家基础设施	$infr_{it}$	世界银行数据库
	共建"一带一路"国家生态环境	env_{it}	世界银行数据库
控制变量	中国 t 年人口总数	pop_t	世界银行数据库
	中国 t 年国家储蓄率	sav_t	世界银行数据库
	中国 t 年技术进步	ten_t	世界银行数据库
	中国 t 年资本存量	cap_t	世界银行数据库
	中国 t 年通货膨胀率	inf_t	世界银行数据库
	中国 t 年就业率	emp_t	世界银行数据库

6.2　中国对共建 "一带一路" 国家直接投资与母国经济增长的关系研究

本节仍沿用第 5 章的分析思路,研究在"一带一路"背景下,中国直接投资对母国经济增长的影响,以及相应调节变量对两者关系的调节作用,并对比这一结果与在"一带一路"背景下,中国直接投资与东道国经济增长的情况有何不同。

6.2.1　对共建"一带一路"国家直接投资与母国经济增长的关系研究——东道国制度视角

东道国制度对直接投资的影响一直受到学者们的关注。直接投资是倾向于东道国制度较好的国家还是倾向于东道国制度较差的国家，这一直是学术界争论的焦点。一种观点认为良好的东道国制度对企业直接投资有着正向作用，而较差的东道国制度会提高投资企业的成本，不利于直接投资活动的进行，更不利于投资企业获得投资利润。这种观点称为"制度促进论"（邓新明等，2015；祁春凌等，2013）。与这一观点相对应的是"制度阻碍论"，认为制度质量较低的东道国反而更能吸引外资，某些发展中国家，尤其是中国在对外直接投资中就具备这种"特殊性"（Buckley，Clegg & Cross，2007）。第三种观点是认为东道国制度对吸引外资并无太多影响，称为"制度无关论"（Bala，Matthew & Sylvie，2012；Alessia，Roberta & Marco，2013）。

根据第 4 章定性分析可知，中国企业在共建"一带一路"国家直接投资过程中遭遇了一定的东道国制度风险，例如某些东道国对中国企业有行业准入的范围限定、投资者持股权的最高限定比例、外汇汇出限制等规定。如果投资企业在东道国的投资活动能够获得预期甚至超额利润，通过利润传导，直接投资对母国经济增长是有一定促进作用的；如果投资企业在东道国无法获得应有的利益，甚至遭遇风险撤资，那么直接投资对母国经济增长的拉动作用就无从谈起。

根据第 5 章分析，在"一带一路"背景下，东道国制度对中国直接投资与东道国经济增长关系有着显著的正向调节作用，意味着中国直接投资若想促进东道国经济增长，离不开良好的东道国制度做保障。那么，中国对共建"一带一路"国家直接投资对母国经济增长的作用是否受到东道国制度的影响呢？东道国的调节作用是正向还是负向呢？本节将分析在"一带一路"背景下，东道国制度对中国直接投资与母国经济增长关系的影响。

1. 东道国制度为调节变量的全样本基准回归

考虑到当期的经济增长必然受到上一期经济增长的影响，因此方程 (6.1) 加入了因变量的滞后一期，广义矩估计能够有效地估计动态面板。为了保证估计结果的准确性和稳健性，本文分别使用差分 GMM 和系统 GMM 两种方法进行对比研究。模型 1 和模型 2 都采用的差分 GMM 估计方法，在模型 1 中未纳入相应调节变量，模型 2 将所研究的调节变量纳入方程中，并与模型 1 进行对比。模型 3 和模型 4 都采用的系统 GMM 估计方法，与模型 1 一样，在模型 3 中未纳入相应调节变量，模型 4 将所研究的调节变量纳入方程中，并与模型 3 进行对比。

由表6.2回归结果可知，核心解释变量中国对共建"一带一路"国家的直接投资能够促进母国经济增长。中国直接投资与东道国制度的交互项对因变量的回归系数均显著为正，说明在"一带一路"环境下，东道国制度越好，越可以强化中国直接投资给母国经济增长的促进作用，证实了在"一带一路"背景下，东道国制度在中国直接投资与母国经济增长关系问题上具有显著正向的调节作用，这一结果与东道国制度对中国直接投资和东道国经济增长关系的调节作用一致。这一结果产生的原因可能是：一方面，共建"一带一路"国家经济发展水平不一，中国直接投资活动存在着较大的东道国制度风险。世界经济论坛发布的《全球竞争力报告》中显示，共建"一带一路"国家内部经济环境差异较大，有相当一部分国家国内投资环境并不理想。共建"一带一路"国家中，国内总体宏观经济环境排名只有34个国家超过世界平均水平；社会治安方面，有36个国家的治安环境差于中国；在劳动制度环境方面，有33个国家的用工制度比中国严厉；而市场透明度、自由竞争度和政府办公行政效率方面更有相当比例的国家不及中国。[①] 这一切都说明中资企业在共建"一带一路"国家进行经济活动中要面临巨大的东

---

① 《2016～2017 全球竞争力报告》。

道国制度风险。因此，东道国制度越好越能有效保障中国企业在共建"一带一路"国家直接投资活动的顺利进行，确保投资利润的稳定增长。另一方面，中国在共建"一带一路"国家直接投资活动主要集中在基础设施领域，而基础设施投资耗时长、风险大，更需要良好的东道国制度作为保障。

表6.2 东道国制度为调节变量的全样本基准回归

变量	差分 GMM		系统 GMM	
	模型 1	模型 2	模型 3	模型 4
$Lnchgdp_{t-1}$	0.83 *** (7.48)	0.88 *** (4.77)	0.74 *** (8.63)	0.76 *** (3.64)
$Lnfdi_{it}$	0.00002 (1.67)	0.00008 *** (2.02)	0.00002 *** (2.52)	0.00003 *** (3.69)
$Lnfdi_{it} \times sys_{it}$		0.0001 *** (2.44)		0.0002 * (1.93)
sys_{it}		0.062 (0.73)		1.46 (0.68)
pop_t	−0.00002 *** (−4.87)	−0.00002 *** (−6.37)	−0.00002 *** (−5.44)	−0.00002 *** (−5.89)
sav_t	0.00001 *** (4.31)	0.00001 *** (3.63)	0.00002 *** (6.28)	0.00001 *** (7.61)
ten_t	0.0008 *** (5.49)	0.001 *** (6.32)	0.0008 *** (9.27)	0.001 *** (4.4)
cap_t	0.00003 *** (7.38)	0.00003 *** (4.69)	0.00004 *** (10.37)	0.00003 *** (6.31)
inf_t	−5.29 *** (−3.07)	−3.04 (−0.21)	−5.35 *** (−2.03)	−3.66 (−0.20)
emp_t	4.92 *** (7.64)	4.88 *** (2.89)	4.61 *** (6.53)	3.72 *** (5.27)
$constant$	17.83 *** (10.36)	20.66 *** (8.94)	19.37 *** (8.27)	23.66 *** (6.13)

续表

变量	差分 GMM		系统 GMM	
	模型 1	模型 2	模型 3	模型 4
$AR(2)$	0.16	0.24	0.23	0.27
$Sargan\ test$	1	1	1	1

注：***、**和*分别代表1%、5%和10%的显著水平，括号里数字是z值，$AR(2)$和$Sargan$值为P值。

这一回归结果与东道国经济增长的调节作用一致，充分表明了在"一带一路"环境下，中国直接投资如果想要带给母国经济增长更大的促进作用，东道国制度是不可忽视的重要指标，且整体看来，中国在共建"一带一路"国家的直接投资与东道国制度之间的关系并不存在"特殊性"：中国直接投资倾向于到东道国制度较差的国家或地区（Buckley，2007）。

控制变量方面，中国的科技发展越快、就业率越高对母国经济增长的拉动作用越大。虽然资本存量增加、储蓄率提高也能带给母国一定的经济增长，但其作用不如科技进步和提高就业率的作用大，说明现阶段中国若想加快本国经济发展，注重科技兴国和稳定民生就业是更好的选择。

从结果来看，差分 GMM 和系统 GMM 两种方法的回归结果没有显著差别，表明结果具有较强的稳健性。$AR(2)$ 和 $Sargan$ 值都表示估计结果较为理想，表明不存在二阶自相关，且选择工具变量是有效的。因变量滞后项的回归系数显著为正，表示中国经济增长具有较强的动态性和延续性。

2. 东道国制度的调节作用在共建"一带一路"国家不同区域的差异性比较

从第 5 章可知，东道国制度对中国直接投资与东道国经济增长关系的调节作用在共建"一带一路"国家的不同区域与全样本回归的调节作用有所差别。那么这一现象在中国直接投资与母国经济增长关系中会有所不同吗？这一节将根据第 4 章中国在共建 "一带一路" 国家各个区域直接投资额的多少对共建 "一带一路" 国家进行分组，采用系统 GMM 方法进行回归，通过分组对比各个调节变量在共建 "一带一路" 国家的不同区域调节作用的差异性。具体分组标准与原因与第 5 章一致，在此就不再赘述。[①]

由表 6.3 可知，无论在共建 "一带一路" 国家的任何一个区域，中国直接投资都可以显著地促进母国经济增长。

表 6.3　　　　东道国制度的调节作用在共建 "一带一路" 国家
不同区域的差异性比较

变量	方程（1）	方程（2）	方程（3）	方程（4）
$Lnchgdp_{t-1}$	0.84 *** （5.61）	0.26 *** （3.18）	0.12 *** （6.22）	0.15 *** （11.96）
$Lnfdi_{it}$	0.019 *** （5.11）	0.00073 *** （4.89）	0.00056 *** （2.36）	0.0035 *** （2.57）
$Lnfdi_{it} \times sys_{it}$	-0.00077 *** （-3.93）	0.00067 *** （3.07）	0.00072 ** （1.97）	-0.0016 * （-1.90）
sys_{it}	7.60 *** （2.28）	1.08 *** （5.79）	7.66 * （1.77）	2.17 （0.68）
pop_t	-0.000014 *** （-2.67）	-0.000039 *** （-6.79）	-0.00002 *** （-4.25）	-0.000019 *** （-2.82）
sav_t	0.000066 （0.85）	0.000013 *** （8.99）	0.00001 *** （6.25）	0.000016 *** （3.27）
ten_t	0.0066 *** （2.04）	0.0059 *** （7.59）	0.0007 *** （5.92）	0.00064 *** （3.76）
cap_t	0.000093 *** （2.75）	0.000036 *** （6.31）	0.00003 *** （3.77）	0.000041 *** （2.09）

[①]　第一组为东盟地区，回归结果为方程 1；第二组为西亚和独联体地区，回归结果为方程 2；第三组为南亚和中亚地区，回归结果为方程 3；第四组为中东欧地区，回归结果为方程 4。

续表

变量	方程（1）	方程（2）	方程（3）	方程（4）
inf_t	-3.66 * （-1.82）	-1.08 *** （-2.13）	-6.43 （-1.03）	-8.19 *** （-2.80）
emp_t	2.62 *** （2.48）	5.06 *** （10.37）	4.99 *** （3.22）	5.73 *** （4.10）
constant	-10.55 （-0.84）	27.01 *** （8.84）	17.62 *** （8.36）	23.18 *** （2.66）
AR(2)	0.25	0.44	0.34	0.43
Sargan test	1	1	1	1

注：***、** 和 * 分别代表 1%、5% 和 10% 的显著水平，括号里数字是 z 值，AR(2) 和 Sargan 值为 P 值。

在东盟地区，东道国制度对中国直接投资与母国经济增长关系有着显著的负向调节作用，即在东盟地区，东道国制度弱化了中国直接投资对母国经济增长的促进作用，这一结果与在共建"一带一路"国家全样本情况下，东道国制度对中国直接投资与母国经济增长关系的调节不同（全样本为正向调节作用）。可能的解释为：一方面，东盟地区虽然整体制度环境稳定，但内部发展呈现两极分化的局面，东盟国家之间政治制度差别较大，各种政治体制并存，且中国与东盟国家之间、少数东盟国家内部就南海问题也多次出现争端，在一定程度上损害了中国与东盟国家的政治互信。另一方面，东盟部分国家由于排华思想和保护本土企业经营等问题在对待中国直接投资活动上存在着一定的限制，所以若能适当放松相应的制度规定，中国直接投资能够给母国经济增长带来更大的促进作用。

在西亚、独联体、南亚和中亚等地区，东道国制度对中国直接投资与母国经济增长关系有着显著的正向调节作用，即在这四个区域，东道国制度强化了中国直接投资对母国经济增长的促进作用，这一结果与在共建"一带一路"国家全样本情况下，东道国制度对中国直接投资与母国经济增长关系的调节作用相同。在这些区域，地缘政治风险加剧，许多国家内部政治不确定性明显，部分国家矛盾冲突不断，容易遭受恐怖主义袭击，且政府管理能力较差，有着一定的政治风险。所以，在西亚、独联体、南亚和中亚等地区，良好的东道国制度是中国直接投资顺利进行的保障。

在中东欧地区，东道国对于外来投资有着较为严格的管制，市场规制和法律管理较为严格，对于投资者技术进入标准较高，中国在中东欧地区的直接投资受到了一定限制，因此在中东欧地区，东道国制度对中国直接投资与母国经济增长关系有着显著的负向调节作用，即东道国制度弱化了中国直接投资对母国经济增长的促进作用。

综上所述，在共建"一带一路"国家中，与全样本基准回归不同的是，在东盟和中东欧两个地区，东道国制度弱化了中国直接投资对母国经济增长的促进作用。

6.2.2　对共建"一带一路"国家直接投资与母国经济增长的关系研究——双边文化交流视角

早期多数研究表明，文化差异对直接投资有着明显的阻碍作用（王洪涛等，2014）。若能拉近双边文化的距离，缩小文化差异，加速中国文化的海外推广，可以显著地促进中国对外直接投资（谢孟军，2017）。

共建"一带一路"国家横跨亚欧大陆，影响范围涉及亚欧非等多个地区，是东西方文化交叉的重要地带，虽然国家间文化交流十分密切，但文化冲突却一直存在；被共建"一带一路"国家接受的通用语言过于单一；宗教差异十分显著，绝大多数国家宗教集中度偏高，突出的宗教差异使中国与共建"一带一路"国家的区域经济合作面临潜在运行风险。解决双边文化差异和冲突的有效途径之一就是加强双边文化交流，积极推进汉语在共建"一带一路"国家的传播，强化中国文化的输出。

根据第 5 章可知，在 "一带一路" 背景下，双边文化交流对中国直接投资与东道国经济增长关系中有正向显著的调节作用，且无论在共建 "一带一路" 国家任何一个区域，双边文化交流的正向调节作用都未变化。那么随着中国与共建 "一带一路" 国家双边文化交流的增加，中国直接投资能否也带给母国经济增长呢？双边文化交流对中国直接投资与母国经济增长关系有何影响呢？这一节将探讨在 "一带一路" 背景下，双边文化交流对中国直接投资与母国经济增长关系中的调节作用。

1. 双边文化交流为调节变量的全样本基准回归

为了保证估计结果的准确性和稳健性，本书分别使用差分 GMM 和系统 GMM 两种方法进行对比研究。模型 1 和模型 2 都采用的差分 GMM 估计方法，在模型 1 中未纳入相应调节变量，模型 2 将所研究的调节变量纳入方程中，并与模型 1 进行对比。模型 3 和模型 4 都采用的系统 GMM 估计方法，在模型 3 中未纳入相应调节变量，模型 4 将所研究的调节变量纳入方程中，并与模型 3 进行对比。

从表 6.4 回归结果可知，无论是否考虑双边文化交流因素，中国对共建 "一带一路" 国家的直接投资都能显著地促进母国经济增长，但直接投资对母国经济增长的正向促进作用不如中国直接投资给东道国经济增长的作用大。这一结果充分说明中国对共建 "一带一路" 国家的直接投资是双赢的，且中国直接投资更能为东道国带来实在的利益。交互项 $fdi_{it} \times con_{it}$ 对因变量的回归系数显著为正，说明在 "一带一路" 背景下，双边文化交流越多，越有利于强化中国直接投资带给母国经济增长的促进作用。可能解释在于：首先，双边文化的交流和中国文化的海外输出有效降低了文化差异的负面影响，缩短了双边的文化和地理距离，化解了语言障碍为直接投资带来的风险，促进了中国企业对共建 "一带一路" 国家的直接投资（陈胤默等，2017）。其次，共建 "一带一路" 国家众多，政治冲突、宗教纷争等不安全事件时有发生。如果中资企业在直接投资前对东道国环境了解不足，会增大投资风险。中国企业在直接投资之前可以借助双边文化交流的平台作用，了解当地的投资政策、法律法规和投资环境，为直接投资的前期调研提供帮助。最后，中国 "一带一路" 倡议的原则是 "共商、共享、共建"，但有部分国家宣扬的 "中国威胁论" 严重损害了中国的对外形象，曲解了 "一带一路" 倡议的真正含义，消除世界尤其是东道国对中国 "一带一路" 倡议的误解，增进共建 "一带一路" 国家对中国的了解和认识，这对中国公共外交提出了更高的要求。以孔子学院为重要载体的双边文化交流有力地提高了中国形象，孔子学院积极向共建 "一带一路" 国家展示中华文化的和谐、友好魅力和负责任的大国形象，扭转了一些西方国家对 "一带一路" 倡议的错误舆论，为中外友好作出了积极的外交贡献。良好的外交关系为中国对共建 "一带一路" 国家直接投资活动奠定了政治基础，有力地促进了直接投资的顺利开展。由此可见在 "一带一路" 背景下，中国直接投资若想带给母国更大的经济促进作用，强化双边文化交流是一个重要途径。

表 6.4　　　　　　双边文化交流为调节变量的全样本基准回归

变量	差分 GMM		系统 GMM	
	模型 1	模型 2	模型 3	模型 4
$Lnchgdp_{t-1}$	0.81 *** (8.92)	0.85 *** (5.26)	0.74 *** (9.13)	0.68 *** (4.31)
$Lnfdi_{it}$	0.00002 * (1.92)	0.0001 *** (2.11)	0.00002 *** (2.08)	0.00005 *** (2.14)
$Lnfdi_{it} \times con_{it}$		0.00008 * (1.92)		0.00008 *** (2.43)
con_{it}		6.82 *** (3.66)		6.20 *** (6.27)
pop_t	-0.00002 *** (-25.2)	-0.00002 *** (-2.23)	-0.00002 *** (-15.78)	-0.00001 *** (-4.20)
sav_t	0.00001 *** (5.91)	0.00001 *** (3.29)	0.00001 *** (4.29)	0.00002 *** (4.13)

续表

变量	差分 GMM		系统 GMM	
	模型 1	模型 2	模型 3	模型 4
ten_t	0. 0008 *** (6. 93)	0. 001 *** (4. 35)	0. 0008 *** (10. 74)	0. 0003 *** (2. 15)
cap_t	0. 00003 *** (9. 79)	0. 00007 *** (7. 68)	0. 00003 *** (8. 95)	0. 00005 *** (5. 33)
inf_t	− 5. 29 *** (− 2. 34)	− 6. 73 (− 0. 45)	− 5. 83 *** (− 2. 52)	− 5. 93 (− 0. 55)
emp_t	4. 46 *** (16. 82)	5. 88 *** (12. 30)	4. 93 *** (7. 46)	4. 52 *** (6. 33)
constant	18. 03 *** (10. 40)	11. 47 (1. 52)	16. 82 *** (7. 09)	10. 2 (0. 56)
$AR(2)$	0. 23	0. 38	0. 29	0. 43
Sargan test	1	1	1	1

注：*** 、** 和 * 分别代表 1% 、5% 和 10% 的显著水平，括号里数字是 z 值，$AR(2)$ 和 Sargan 值为 P 值。

其余控制变量中，中国人口数量和通货膨胀率对因变量的回归系数为负，说明人口数量越多、通货膨胀率越高对中国经济增长的负面影响越大。就业率的提高、资本积累的增加、储蓄率的提高以及科技的进步对因变量的回归系数显著为正，说明稳定就业、加速资本积累和创新科技发展是中国经济增长的源泉。相较之下，就业率的提高和科技进步对因变量回归系数更大，说明若想中国经济取得长远的发展，应注重解决民生就业和 "科教兴国"。

综上所述，在 "一带一路" 背景下，中国直接投资能够显著地促进母国经济增长，双边文化交流对中国直接投资与母国经济增长关系中有着显著的正向调节作用。从结果看来差分 GMM 和系统 GMM 两种方法的回归结果没有显著差别，表明结果具有较强的稳健性。$AR(2)$ 和 Sargan 值都表示估计结果较为理想，说明不存在二阶自相关，且工具变量的选取是有效的。因变量滞后项的回归系数显著为正，表示中国经济增长具有较强的动态性和延续性。

2. 双边文化交流的调节作用在共建"一带一路"国家不同区域的差异性比较

在此按照前文的分组办法和回归方法，① 对共建"一带一路"国家进行分组，进一步分析双边文化交流的调节作用在共建"一带一路"国家不同区域的差异性。

由表6.5可知，无论在共建"一带一路"国家的哪一个区域，中国直接投资都能够显著地促进母国经济增长。

表6.5　　　　双边文化交流的调节作用在共建"一带一路"国家
不同区域的差异性比较

变量	方程（1）	方程（2）	方程（3）	方程（4）
$Lnchgdp_{t-1}$	0.92 **** (10.90)	0.99 *** (3.30)	0.11 *** (8.09)	0.44 *** (21.39)
$Lnfdi_{it}$	0.0039 *** (3.15)	0.0035 *** (6.47)	0.001 *** (3.24)	0.0048 *** (3.46)
$Lnfdi_{it} \times con_{it}$	-0.00072 *** (-2.01)	0.0002 *** (7.05)	0.0003 *** (3.02)	-0.0016 *** (-3.79)
con_{it}	3.82 * (1.95)	9.5 *** (2.37)	0.71 (1.03)	1.4 (0.77)
pop_t	-0.00015 *** (-2.76)	-0.000013 * (-1.82)	-0.00001 *** (-2.45)	-0.000027 *** (-24.76)
sav_t	0.000029 (0.29)	0.000014 *** (5.10)	0.00001 *** (3.49)	0.000017 *** (8.70)
ten_t	0.037 *** (2.27)	0.00043 *** (2.15)	0.0008 *** (3.02)	0.0035 *** (3.32)

---

① 第一组为东盟地区，回归结果为方程1；第二组为西亚和独联体地区，回归结果为方程2；第三组为南亚和中亚地区，回归结果为方程3；第四组为中东欧地区，回归结果为方程4。回归方法采用系统 GMM。

续表

变量	方程（1）	方程（2）	方程（3）	方程（4）
cap_t	0.000036 * （1.88）	0.00004 *** （4.44）	0.00004 *** （2.78）	0.000081 *** （3.01）
inf_t	− 1.65 * （− 1.88）	− 2.85 （0.73）	− 2.90 *** （2.31）	− 1.94 *** （− 2.19）
emp_t	2.09 *** （2.83）	3.08 * （1.90）	3.74 *** （2.63）	7.28 *** （2.79）
constant	11.88 *** （2.81）	21.69 *** （2.88）	48.64 *** （4.63）	16.69 *** （2.96）
$AR(2)$	0.16	0.15	0.35	0.18
Sargan test	1	1	1	1

注：*** 、** 和 * 分别代表 1% 、5% 和 10% 的显著水平，括号里数字是 z 值，$AR(2)$ 和 Sargan 值为 P 值。

在东盟地区，双边文化交流对中国直接投资与母国经济增长关系有着显著的负向调节作用，即在东盟地区，双边文化交流活动弱化了中国直接投资对母国经济增长的促进作用，这一结果与共建"一带一路"国家全样本情况下，双边文化交流对中国直接投资与母国经济增长关系的调节不同（全样本为正向调节作用）。可能的解释为：东盟多国与中国为邻国，相较于共建"一带一路"的其他国家，东盟地区与中国地理距离相对较近，且新加坡与中国同属儒家文化圈，有着一定的历史文化渊源（金依，2014），所以，即使双边文化交流活动减少，也不会减弱中国直接投资对母国经济增长的促进作用。同时，这一结果与在东盟地区，双边文化交流对中国直接投资与东道国经济增长关系的调节作用也不同（东道国为正向调节作用）。可能的原因为：从东道国角度来说，中国直接投资活动主要在东道国进行，若想给东道国经济增长带来促进作用，中国企业就必须克服双边文化的差异，融入和尊重东道国当地文化。同时，从实证结果可以看出，中国直接投资对东道国经济增长的促进作用远高于对母国经济增长的促进作用，因此对于东道国来说，中国直接投资是其经济增长的重要动力之一，若想充分发挥中国直接投资对东道国经济增长的带动作用，必须减少中资企业在东道国的文化风险和成本。所以在东盟地区，从东道国经济增长角度，双边文化交流对中国直接投资与东道国经济增长有着正向的调节作用。从母国经济增长角度来说，由于中国在东盟地区直接投资企业较多，且中国与东盟国家有着自贸区这样得天独厚的条件，外加中国对东盟地区的投资额占中国对共建"一带一路"国家总投资额的一半以上，所以较多的投资企业数量和较多的投资额给予母国经济增长的回馈能够抵消文化差异所带来的负面影响。因此在东盟同一个地区，从不同的角度，双边文化交流对中国直接投资经济增长效应的调节作用有着不同的结果。

在西亚、独联体、南亚和中亚等地区，双边文化交流对中国直接投资与母国经济增长关系有着显著的正向调节作用，即在这些区域，双边文化交流活动强化了中国直接投资对母国经济增长的促进作用，这一结果与共建"一带一路"国家全样本情况下，双边文化交流对中国直接投资与母国经济增长关系的调节作用高度一致。在这些区域宗教文化相当浓厚，民族风险集中，西亚地区更是伊斯兰教、犹太教和基督教等世界性宗教的发源地，有着复杂的历史和民族渊源。所以双边文化交流有利于消除文化差异，促进中国直接投资在东道国的顺利开展，为母国经济增长带来更多促进作用。

在中东欧地区，双边文化交流弱化了中国直接投资对母国经济增长的促进作用，这一结果与在中东欧地区，双边文化交流对中国直接投资东道国经济增长效应的调节作用相反。可能的解释为：从东道国角度说，中东欧国家在地理位置上与中国地理距离较远，且双方语言存在一定差异，所以中国直接投资若想克服文化和语言差异给当地经济增长带来促进作用，双边文化交流是必不可少的。但是对中国来说，中国对中东欧地区的直接投资无论是投资流量还是投资存量都是共建"一带一路"国家中占比最少的。虽然"一带一路"倡议实施以来，我国对中东欧国家直接投资基本上呈现上升态势，但是中东欧地区在中国对外直接投资流量中所占比例依然较低。对中国来说，相较于共建 "一带一路" 国家其他区域，中国对中东欧地区的直接投资活动都不能是带动母国经济增长的最主要动力，所以即使减少双边文化交流，也不会过多影响中国直接投资对母国经济增长的促进作用。因此在中东欧地区，从东道国角度和从母国角度，双边文化交流对中国直接投资经济增长效应的影响有着明显的差异。

6.2.3 对共建 "一带一路" 国家直接投资与母国经济增长的关系研究——东道国基础设施视角

现有研究中多认为一国基础设施建设越好，越能吸引对外直接投资，改善投资企业的投资环境和生产环境，进而降低投资企业生产成本、提高投资企业利润水平（Demetriades and Mamuneas；2000；胡鞍钢等，2010）。但也有部分学者通过研究却得到了不一样的结论：基础设施投资只会促进本地区的经济增长，但会对周边地区产生 "负的外部效应"（Chandra and Thompson，2000；Monaco and Cohen，2006）。

针对 "一带一路" 倡议，研究东道国基础设施与中国经济增长的文献多数认为，提升共建 "一带一路" 国家的基础设施投资效率，能使中国与东道国贸易合作更频繁，拉动中国经济增长（刘国玉，2017；倪超军等，2017）。但实际上，共建 "一带一路" 沿线国家中发展中国家居多，基础设施较为落后，但由于政府财力有限，所以基础设施建设存在巨大资金缺口（汤敏等，2015）。中国拥有基础设施建设的先进技术和富余资金，可以帮助共建 "一带一路" 国家改善其基础设施水平，这样既能解决制约当地经济发展的基础设施瓶颈，也为中国企业 "走出去" 带来新的活力。①

---

① 侯赛因·阿斯卡里. 共建 "一带一路" 增进沿线国家人民福祉［OB/EL］. 中国一带一路网，2022 年 10 月 4 日.

根据第 5 章分析，在 "一带一路" 背景下，东道国基础设施对中国直接投资与东道国经济增长关系中有显著的负向调节作用。同时，这一调节作用在共建 "一带一路" 国家的不同区域有着明显差异性。那么，在 "一带一路" 背景下，东道国基础设施建设情况对中国直接投资与母国经济增长关系又有多大影响呢？此节将进一步验证这一问题。

1. 东道国基础设施为调节变量的全样本基准回归

为了保证估计结果的准确性和稳健性，本书分别使用差分 GMM 和系统 GMM 两种方法进行对比研究。模型 1 和模型 2 都采用的差分 GMM 估计方法，在模型 1 中未纳入相应调节变量，模型 2 将所研究的调节变量纳入方程中。模型 3 和模型 4 都采用的系统 GMM 估计方法，模型 3 中未纳入相应调节变量，模型 4 将所研究的调节变量纳入方程中，并与模型 3 进行对比。

根据表 6.6 回归结果可知，中国对共建 "一带一路" 国家直接投资能带给母国经济增长正向、显著的促进作用。中国对共建 "一带一路" 国家直接投资与东道国各项基础设施的交互项对因变量的回归系数均显著为负，说明在 "一带一路" 背景下，东道国基础设施建设越不完善或者东道国基础设施市场需求越大，中国直接投资对母国经济增长的促进作用越强，证实了东道国基础设施对中国直接投资与母国经济增长关系上具有显著的负向调节作用。其中，交通基础设施与中国直接投资的交互项对因变量回归系数绝对值最大，说明 "互联互通" 是当前共建 "一带一路" 国家基础设施建设的重中之重，这也符合共建 "一带一路" 国家现阶段的实际情况。该结论与部分学者的理论成果（东道国基础设施越好，越有利于吸引外资）有所不同。可能的原因在于共建 "一带一路" 国家基础设施建设有着的巨大缺口（耿增涛，2016），一方面，共建 "一带一路" 国家基础设施互联互通对当地经济发展有着非常重要的意义，多地区基础设施落后问题十分突出。共建 "一带一路" 基础设施建设缺口带来了巨大的投资创造效应，参与其中的各个国家都会从中受益。另一方面，共建 "一带一路" 国家基础设施建设的巨大缺口恰好为中国钢铁、水泥、船舶建造等行业寻找海外市场找到了新的出路，有利于中国传统产业得以高质量发展，促进了中国的经济增长（何维达，2015；廖萌，2015；孙章，2015；邹奇，2015）。

表6.6　东道国基础设施为调节变量的全样本基准回归

变量	差分 GMM		系统 GMM	
	模型 1	模型 2	模型 3	模型 4
$Lnchgdp_{t-1}$	0.83 *** (8.39)	0.53 *** (6.39)	0.75 *** (7.01)	0.63 *** (7.68)
$Lnfdi_{it}$	0.00002 *** (2.31)	0.00001 *** (2.25)	0.00002 *** (3.19)	0.0001 *** (2.67)
$Lnfdi_{it} \times infr1_{it}$		−0.00002 * (−1.82)		0.00003 *** (2.69)
$Lnfdi_{it} \times infr2_{it}$		−0.000003 *** (−2.35)		−0.000004 *** (−4.95)
$Lnfdi_{it} \times infr3_{it}$		−0.000004 *** (−2.17)		−0.000006 *** (−2.79)
$Lnfdi_{it} \times infr4_{it}$		−0.000005 *** (−4.93)		−0.000007 *** (−2.31)
$infr1_{it}$		0.007 *** (2.47)		0.003 *** (3.61)
$infr2_{it}$		0.001 (1.01)		0.001 ** (1.99)
$infr3_{it}$		0.004 ** (1.98)		0.006 *** (4.62)
$infr4_{it}$		0.65 *** (2.78)		0.89 *** (4.48)
pop_t	−0.00002 *** (−10.74)	−0.00002 *** (−5.63)	−0.00002 *** (−8.39)	−0.00002 *** (−6.43)
sav_t	0.00001 *** (5.28)	0.00001 *** (3.27)	0.00001 *** (5.82)	0.00001 *** (4.39)

变量	差分 GMM		系统 GMM	
	模型 1	模型 2	模型 3	模型 4
ten_t	0.0008 *** (30.62)	0.0006 *** (6.38)	0.0008 *** (24.61)	0.002 *** (10.43)
cap_t	0.00003 *** (16.52)	0.00004 *** (7.56)	0.00003 *** (15.37)	0.00003 *** (9.03)
inf_t	− 6.65 *** (− 3.29)	− 7.38 (− 0.23)	− 6.32 *** (− 3.14)	− 7.42 (− 0.54)
emp_t	4.38 *** (13.49)	5.03 *** (11.94)	4.98 *** (10.62)	3.87 *** (8.71)
constant	16.37 *** (19.32)	14.91 *** (10.96)	17.81 *** (8.93)	20.62 *** (16.38)
$AR(2)$	0.23	0.47	0.32	0.59
Sargan test	1	1	1	1

注：*** 、** 和 * 分别代表 1%、5% 和 10% 的显著水平，括号里数字是 z 值，$AR(2)$ 和 Sargan 值为 P 值。

　　所以，共建 "一带一路" 国家巨大的基础设施缺口反而为中国直接投资，尤其是基础设施投资，为中国企业 "走出去" 带来了巨大的商机和投资潜力空间（孟庆强，2016；孙乾坤，2017），即 "一带一路" 东道国基础设施越不完善，东道国基础设施建设市场需求越大，越能强化中国直接投资带对母国经济增长的促进作用。

　　控制变量方面，中国的储蓄率、固定资产存量、科技进步和就业率对因变量回归系数都在 1% 水平下显著为正，说明这些因素的改善与提高都能有效促进中国的经济发展，但高通货膨胀率和高人口增长率对中国经济产生了负面影响。

　　从结果看来差分 GMM 和系统 GMM 两种方法的回归结果没有显著差别，表明结果具有较强的稳健性。$AR(2)$ 和 Sargan 值都表示估计结果较为理想，说明不存在二阶自相关，且工具变量都是有效的。因变量滞后项的回归系数显著为正,表示中国经济增长具有较强的动态性和延续性。

2. 东道国基础设施的调节作用在共建"一带一路"国家不同区域的差异性比较

在此按照前文的分组办法和回归办法,[①] 对共建"一带一路"国家进行分组,进一步分析东道国基础设施的调节作用在共建"一带一路"国家不同区域的差异性。

由表6.7可知,无论在共建"一带一路"国家的哪一个区域中国直接投资都能够显著地促进母国经济增长,且在共建"一带一路"国家的任何一个区域内,东道国基础设施在中国直接投资与母国经济增长关系中有着负向调节作用,即东道国基础设施越不理想,越能强化中国直接投资给母国经济增长的促进作用。由于中国在基础设施领域有着先进的技术和一定的竞争优势,外加共建"一带一路"国家基础设施普遍不理想,所以从母国经济增长的角度,东道国基础设施对中国直接投资的母国经济增长效应有着负向调节作用。

表6.7　　　东道国基础设施的调节作用在共建"一带一路"国家
不同区域的差异性比较

变量	方程（1）	方程（2）	方程（3）	方程（4）
$\text{Ln}chgdp_{t-1}$	0.71 *** (2.94)	0.16 *** (9.44)	0.25 *** (6.47)	0.14 *** (10.17)
$\text{Ln}fdi_{it}$	0.00002 *** (2.11)	0.00011 *** (2.95)	0.001 *** (2.09)	0.0035 *** (2.92)
$\text{Ln}fdi_{it} \times infr_{it}$	− 0.00004 *** (− 4.19)	− 0.000032 *** (− 15.35)	− 0.00001 *** (− 8.91)	− 0.000053 *** (− 5.71)

---

① 第一组为东盟地区,回归结果为方程1;第二组为西亚和独联体地区,回归结果为方程2;第三组为南亚和中亚地区,回归结果为方程3;第四组为中东欧地区,回归结果为方程4。回归方法采用系统 GMM。

续表

变量	方程（1）	方程（2）	方程（3）	方程（4）
$infr_{it}$	0.000033 *** （6.29）	0.000015 *** （10.73）	0.00002 *** （3.82）	0.000035 *** （5.56）
pop_t	-0.00031 *** （-3.21）	-0.00002 *** （-2.27）	-0.00003 *** （-2.62）	-0.00002 *** （-14.20）
sav_t	0.000031 （0.20）	0.000016 *** （13.8）	0.00001 *** （5.41）	0.000016 *** （4.61）
ten_t	0.085 *** （3.04）	0.00069 *** （3.16）	0.002 *** （2.56）	0.000065 *** （3.18）
cap_t	0.000073 *** （2.82）	0.000043 *** （19.18）	0.00005 *** （2.37）	0.000046 *** （18.79）
inf_t	-3.28 *** （-2.96）	-8.39 *** （-12.97）	-7.71 *** （-7.02）	-7.84 （-1.20）
emp_t	6.11 *** （2.75）	5.49 *** 、 （24.81）	6.29 *** （3.01）	5.69 *** （3.53）
$constant$	14.06 * （1.94）	22.91 *** （18.65）	12.91 *** （10.42）	22.44 *** （20.59）
$AR(2)$	0.26	0.35	0.29	0.41
$Sargan\ test$	1	1	1	1

注: *** 、** 和 * 分别代表1%、5%和10%的显著水平，括号里数字是 z 值，$AR(2)$ 和 $Sargan$ 值为 P 值。

在东盟地区，东道国基础设施对中国直接投资与母国经济增长关系有着显著的负向调节作用，但这一结果与在东盟国家，东道国基础设施对中国直接投资与东道国经济增长关系的调节作用不同（东道国经济增长是正向调节作用），产生这一结果的可能原因在于从东道国角度来说，尽管在东盟国家基础设施建设有着两极分化的局面和一定的需求缺口，但相较于 "一带一路" 国家的其他区域，东盟国家整体经济发展水平和基础设施建设相对较好，因此从东道国的角度，希望能够丰富外资的产业结构，吸引国外直接投资到本国的不同产业，通过直接投资全面带动本国的经济发展，而基础设施是吸引外资的一个有利条件，所以从东道国经济增长的角度，基础设施对直接投资与东道国经济增长关系有着正向的调节作用。从中国的角度来说，中国企业在电力、通信和铁路等基础设施项目承包方面具备了娴熟的技术，基础设施是中国对共建 "一带一路" 国家直接投资的优势产业，外加中国钢铁、水泥等行业急需开拓海外市场，所以东道国基础设施市场的缺口，为中国直接投资，尤其是基础设施投资提供了良好的机遇，给中国经济增长带来一定促进作用。因此在东盟地区，从东道国角度和从母国角度，东道国基础设施对中国直接投资的双边经济增长效应有着不同的调节作用。

在共建 "一带一路" 国家的其余区域，东道国基础设施对中国直接投资与双边经济增长都有着显著的负向调节作用，这一结果与东道国基础设施在共建 "一带一路" 国家全样本基准回归结果一致，因此具体解释就不再赘述。

6.2.4 对共建 "一带一路" 国家直接投资与母国经济增长的关系研究——东道国生态环境视角

有关东道国生态环境与中国直接投资的研究，不同学者的结论有所不同：有人认为东道国环境越差越容易吸引中国直接投资（徐沛然，2016；陆晓敏，2016），也有人认为东道国环境与对外直接投资并不存在着必然的负相关关系（严复雷，2008）。

共建 "一带一路" 国家是全球生态问题较为突出的区域，其环境资源综合绩效远低于世界均值水平，主要表现有水资源匮乏、工业污染、土地沙漠化、人口膨胀和资源消耗量上升、渔业资源枯竭等。中国发布的《推动共建丝绸之路经济带和21世纪海上丝绸之路的愿景与行动》中明确要求中国企业在共建 "一带一路" 国家直接投资中应突出生态文明的理念，加强生态环境保护，共建绿色丝绸之路。

根据第5章可知，在 "一带一路" 背景下，东道国生态环境对中国直接投资与东道国经济增长关系中存在着显著的 "正向" 调节作用，并且这一调节作用在共建 "一带一路" 国家的不同区域有所差异。那么我们不禁想问：共建 "一带一路" 国家生态环境的优劣对中国直接投资与母国经济增长的关系有何影响呢？本节将以东道国生态环境为出发点，分析在 "一带一路" 背景下，东道国生态环境对中国直接投资与母国经济增长关系的影响。

1. 东道国生态环境为调节变量的全样本基准回归

为了保证估计结果的准确性和稳健性，本书分别使用差分 GMM 和系统 GMM 两种方法进行对比研究。模型 1 和模型 2 都采用的差分 GMM 估计方法，在模型 1 中未纳入相应调节变量，模型 2 将所研究的调节变量纳入方程中，并与模型 1 进行对比。模型 3 和模型 4 都采用的系统 GMM 估计方法，在模型 3 中未纳入相应调节变量，模型 4 将所研究的调节变量纳入方程中，并与模型 3 进行对比。

根据表 6.8 回归结果可知，fdi_{it} 对因变量的回归系数在 1% 水平下显著为正，说明中国对共建 "一带一路" 国家直接投资能够给母国经济带来正向的促进作用。在加入东道国生态环境这一变量后，交互项 $fdi_{it} \times env_{it}$ 对因变量回归系数显著为正，说明东道国人均 CO_2 排放量越大，越有利于中国直接投资对母国经济增长的促进作用，这意味着东道国环境越差或者东道国生态环保标准越低，中国直接投资对母国经济增长的拉动作用越大，这一结果证实了在 "一带一路" 倡议下，整体看来，东道国生态环境对中国直接投资与母国经济增长关系的问题上有显著的 "正向" 调节作用。产生这一结果的主要原因在于：首先，共建 "一带一路" 国家多为发展中国家，经济的快速发展和人们生活水平的提高是摆在这些国家面前的首要问题，降低环保标准成了吸引外资，刺激经济发展的选择办法之一。其次，现阶段中国对共建 "一带一路" 国家直接投资多集中在能源和基础设施等行业，而这些行业本身就是污染较为密集的行业，所以东道国生态环境越不理想或者东道国投资环保标准越低，中国投资企业的投资环保成本越低，越有利于投资收益的获得。最后，共建"一带一路"国家属于粗放式经济发展方式，东道国对环保问题意识不强（田颖聪，2017）。共建"一带一路"国家单位 GDP 能耗、物质消费、原木消耗和温室气体排放量均高出世界平均水平的 50%，而钢材消耗、有色金属消耗、臭氧层能耗则超过了世界平均水平的 2 倍。所以在"一带一路"背景下，对待环保问题上东道国政府存在着意识不够、环保能力较弱、环保投入不足等问题，这样的环境滋长了一些企业在直接投资过程中不顾东道国生态环保的想法。

表 6.8　　　　　　　　　东道国生态环境为调节变量的基准回归

变量	差分 GMM		系统 GMM	
	模型 1	模型 2	模型 3	模型 4
$Lnchgdp_{t-1}$	0.82 *** (8.39)	0.71 *** (10.69)	0.79 *** (6.04)	0.83 *** (12.34)
$Lnfdi_{it}$	0.00002 ** (1.99)	0.00001 *** (2.43)	0.00002 *** (2.74)	0.00002 *** (3.89)
$Lnfdi_{it} \times env_{it}$		0.00002 *** (2.03)		0.00004 ** (1.98)
env_{it}		− 0.40 *** (− 3.56)		− 0.73 *** (− 6.93)
pop_t	− 0.00002 *** (− 18.34)	− 0.00002 *** (− 8.32)	− 0.00002 *** (− 14.28)	− 0.00002 *** (− 4.09)
sav_t	0.00001 *** (5.69)	0.00002 *** (3.17)	0.00001 *** (6.12)	0.00003 *** (4.87)
ten_t	0.0007 *** (5.26)	0.001 *** (2.47)	0.0008 *** (3.07)	0.001 *** (2.89)
cap_t	0.00003 *** (15.63)	0.00003 *** (10.69)	0.00003 *** (12.74)	0.00003 *** (7.35)
inf_t	− 7.01 *** (− 2.46)	− 5.92 (− 1.04)	− 6.83 *** (− 2.30)	− 6.54 (− 0.39)
emp_t	4.89 *** (2.48)	4.78 *** (2.02)	4.38 *** (2.98)	4.92 *** (2.53)

变量	差分 GMM		系统 GMM	
	模型 1	模型 2	模型 3	模型 4
constant	19.45 *** (16.89)	19.42 *** (9.05)	18.79 *** (8.3)	19.20 *** (6.67)
AR(2)	0.25	0.62	0.35	0.69
Sargan test	1	1	1	1

注：***、** 和 * 分别代表 1%、5% 和 10% 的显著水平，括号里数字是 z 值，*AR*(2) 和 *Sargan* 值为 P 值。

控制变量方面，科技进步、就业率、资本积累以及储蓄率对因变量的回归系数都显著为正，说明这些因素都是中国经济快速发展的源泉。但不同于对东道国经济增长的影响，对中国经济产生更大促进作用的是科技进步和就业率的提升，而并不是资本的积累和储蓄率的提高，这一点与共建"一带一路"东道国经济增长的主要动力不同。所以，现阶段对中国来说，若想中国经济得到更快更好的发展，稳定就业，提高就业质量和创新科技进步是更优的选择。

从结果看来差分 GMM 和系统 GMM 两种方法回顾结果没有显著差别，表明结果具有较强的稳健性。*AR*(2) 和 *Sargan* 值都表示估计结果较为理想，且因变量滞后项的回归系数显著为正，表示中国经济增长具有较强的动态性和延续性。

2. 东道国生态环境的调节作用在共建"一带一路"国家不同区域的差异性比较

在此按照前文的分组办法和回归方法，① 对共建"一带一路"国家进行分组，进一步分析东道国生态环境因素的调节作用在共建"一带一

---

① 第一组为东盟地区，回归结果为方程 1；第二组为西亚和独联体地区，回归结果为方程 2；第三组为南亚和中亚地区，回归结果为方程 3；第四组为中东欧地区，回归结果为方程 4。回归方法采用系统 GMM。

路"国家不同区域的差异性。

由表6.9可知，无论在共建"一带一路"国家的哪一个区域，中国的直接投资都能够显著地促进母国的经济增长。

表6.9　　　东道国生态环境的调节作用在共建"一带一路"国家
不同区域的差异性比较

变量	方程（1）	方程（2）	方程（3）	方程（4）
$Lnchgdp_{t-1}$	1.12 *** (13.2)	0.31 *** (4.62)	0.23 *** (6.29)	0.21 *** (5.10)
$Lnfdi_{it}$	0.000054 *** (2.45)	0.0034 *** (5.34)	0.0001 *** (3.02)	0.0019 *** (3.20)
$Lnfdi_{it} \times env_{it}$	-0.00078 *** (-10.07)	0.000096 *** (3.10)	0.00003 *** (3.05)	-0.0012 *** (-5.17)
env_{it}	1.21 *** (3.53)	-16.77 *** (-2.48)	4.29 *** (5.69)	-7.1 *** (-2.06)
pop_t	-0.000034 *** (-4.27)	-0.000022 *** (-2.89)	-0.00001 *** (-5.92)	-0.000016 *** (-6.68)
sav_t	0.000079 (1.49)	0.000016 *** (7.57)	0.00001 *** (9.27)	0.000017 *** (7.38)
ten_t	0.027 *** (4.00)	0.0011 *** (3.40)	0.0007 *** (4.05)	0.00039 *** (9.09)
cap_t	0.000036 *** (4.48)	0.000038 *** (13.49)	0.00003 *** (2.19)	0.00005 *** (9.09)
inf_t	-2.89 *** (-3.78)	-7.66 *** (-5.78)	-5.64 (-1.06)	-10.48 *** (-6.77)
emp_t	1.83 *** (6.96)	5.28 *** (17.34)	4.33 *** (6.72)	6.70 *** (18.31)
$constant$	-17.38 *** (-3.12)	25.34 *** (17.30)	15.04 *** (4.38)	16.61 *** (5.28)
$AR(2)$	0.49	0.42	0.27	0.35
$Sargan\ test$	1	1	1	1

注：*** 、** 和 * 分别代表1%、5%和10%的显著水平，括号里数字是 z 值，$AR(2)$ 和 $Sargan$ 值为 P 值。

在东盟与中东欧地区，东道国生态环境对中国直接与母国经济增长关系有着显著的 "负向" 调节作用，即在东盟和中东欧地区，东道国生态环境越好或者东道国生态环保标准越高，越能强化中国直接投资对母国经济增长的促进作用，这一结果与共建 "一带一路" 国家全样本情况下，东道国生态环境对中国直接投资与母国经济增长关系的调节不同（全样本为正向调节作用）。可能的解释为：一方面，中国政府十分重视对共建 "一带一路" 国家直接投资的环保问题，一直强调中资企业在对共建 "一带一路" 国家直接投资过程中应提高环保意识，走可持续发展之路。另一方面，东盟和中东欧国家对外资企业在当地的直接投资活动有着环保节能等方面的绿色标准和要求，期望投资企业能注重可持续发展，提高社会环保责任。例如，在中东欧地区，大多数国家已经加入欧盟，而欧盟对于生态环保的要求很高，有着对应的环保制度和标准以及针对外资企业有着一定的环保责任法律，对于环保责任落实到位的投资企业，东道国会给予一定的奖励或补助，对于不重视环保责任的投资企业将会受到巨额惩罚。所以对中资企业来说，为了达到东道国的要求，必须要提高环保意识，如此一来，同时满足了东道国的要求和母国的期望，中资企业在东道国也树立了良好的企业形象，东道国对来自中国的直接投资企业便会有更大的热情和期待，达到通过直接投资对母国经济增长的促进作用。

在西亚、独联体、南亚和中亚地区，东道国生态环境对中国直接与母国经济增长关系有着显著的 "正向" 调节作用，这与共建 "一带一路" 国家全样本回归结果一致，由于篇幅原因，所以具体解释不再赘述。

6.3 稳健性检验

首先，本文采用方差膨胀因子检验各变量之间是否存在多重共线性问题，发现各变量方差膨胀因子均小于10，故认为各个变量之间不存在严重多重共线性。但由于模型中引入了交互项，为了避免可能的共线性，本文对交互项进行中心化处理后再进行稳健性检验。其次，由第4章可知，中国对共建"一带一路"国家直接投资存在区域分布不平衡的现象，在此按照5%的比例去掉极值，剔除共建"一带一路"国家样本中历年吸引中国直接投资流量和存量都较高的三个国家[①]和历年吸引中国直接投资流量和存量都排名相对靠后的三个国家，[②] 以解决中国在共建"一带一路"国家直接投资区域分布不均衡对回归结果可能造成的偏颇。再次，考虑到影响一国经济增长的因素较多，不可能将全部影响要素都引入模型，结合第2章经济增长影响因素的相关文献，本文增加若干可能影响中国经济增长的控制变量进行稳健性检验（洪俊杰等，2017；石丽静，2017）：中国与共建"一带一路"国家 i 首都之间地理距离的对数值 dis；[③] 中国与共建"一带一路"国家 i 在 t 年是否签订了区域或双边自由贸易协定 tre，若签订双边贸易协定取值为1，若无则取值为0；[④] 中国在 t 年城镇化建设水平包括中国城镇人口数量对数值 $urb1$，城镇化建设质量指标 $urb2$（获得改善水源的城市人口所占百分比）；[⑤] 中国在 t 年经济自由程度 fre[⑥] 和中国在 t 年工业产业增加值的对数值 add。[⑦]最后，考虑到中国对共建"一带一路"国家直接投资和母国经济增长可能存在"反向因果"带来的内生性、"遗漏变量"可能的内生性以及模型中因经济增长的延续性加入的因变量滞后一期 $Lnchgdp_{it-1}$ 也具有较强的内生性，因此实证分析中内生性问题不可避免，工具变量可以在一定程度上解决内生性问题。布伦德尔和邦德（Blundell & Bond，1998）提出的系统 GMM 方法把水平和差分回归结合起来进行估

---

① 新加坡、印度尼西亚、俄罗斯。
② 北马其顿、摩尔多瓦和黑山。
③ 数据来源：CEPII 数据库。
④ 数据来源：中国自由贸易区服务网。
⑤⑦ 数据来源：世界银行数据库。
⑥ 数据来源：The Heritage Foundation。

计，在一定程度上克服了弱工具变量问题和内生性问题，估计结果具有较高的可信度。在此将所有自变量均滞后一期，用 $Lnchgdp_{it-2}$ 和中国对共建"一带一路"国家直接投资 $Lnfdi_{it-1}$ 的各自两阶滞后值做工具变量使用系统 GMM 进行回归来解决这一问题。

本节将使用国家风险指南（ICRG）发布的 11 项政治风险指标替代 WGI 的 6 项东道国制度指标来衡量东道国制度（Dollar & Krray，2003）。ICRG 的政治风险指标得分越高，说明一国在该项指标下的总体情况越好，反之则情况越差。由于 ICRG 的政治风险指标下面设有 11 个指标，在此本节将 11 项指标取平均数作为东道国制度的替代变量，以此解决自变量个数太多而无法回归的问题。

本节将使用中国在共建"一带一路"国家孔子学院（课堂）总数代替孔子学院建立数量，检验回归结果的稳健性。

本节使用共建"一带一路"东道国交通服务占商业服务出口比例、安全互联网服务器（每百万人）的对数值、通电率占人口的百分比和能源使用量的对数值（人均千克石油当量）替代东道国的四大基础设施建设情况来检验结果的稳健性。

本节使用"一带一路"国家人均 PM2.5 排放量（立方米）的对数值作为共建"一带一路"东道国生态环境指标的替换变量。

方程（1）为东道国制度做调节变量的稳健性检验结果；方程（2）为双边文化交流做调节变量的稳健性检验结果；方程（3）为东道国基础设施做调节变量的稳健性检验结果；方程（4）为东道国生态环境做调节变量的稳健性检验结果。

由表 6.10 的回归结果可知，方程（1）中，中国对共建"一带一路"国家的直接投资能够显著地促进母国经济增长。在"一带一路"背景下，东道国各项制度与中国直接投资的交互项对因变量的回归系数均显著为正，说明东道国制度质量越高，中国直接投资越可以为母国经济增长带来更大的促进作用，证实了东道国制度对中国直接投资与母国经济增长关系中存在显著的正向调节作用。

表 6.10 稳健性检验回归结果

变量	方程（1）	方程（2）	方程（3）	方程（4）
$\mathrm{Ln}gdp_{t-2}$	0.84 *** (7.32)	0.97 *** (6.93)	0.72 *** (10.38)	0.75 *** (5.82)
$\mathrm{Ln}fdi_{it-1}$	0.03 *** (6.89)	0.002 *** (10.54)	0.0004 *** (2.03)	0.00004 *** (5.34)
$\mathrm{Ln}fdi_{it-1} \times sys_{it-1}$	0.0002 ** (1.98)			
sys_{it-1}	3.23 *** (3.02)			
$\mathrm{Ln}fdi_{it-1} \times con_{it-1}$		0.00003 ** (3.95)		
con_{it-1}		2.08 *** (8.29)		
$\mathrm{Ln}fdi_{it-1} \times infr1_{it-1}$			− 0.00003 *** (− 2.97)	
$\mathrm{Ln}fdi_{it-1} \times infr2_{it-1}$			− 0.000001 *** (− 2.86)	
$\mathrm{Ln}fdi_{it-1} \times infr3_{it-1}$			− 0.000001 ** (− 1.97)	
$\mathrm{Ln}fdi_{it-1} \times infr4_{it-1}$			− 0.000002 *** (− 4.28)	
$infr1_{it-1}$			0.17 (0.53)	
$infr2_{it-1}$			0.38 (1.29)	
$infr3_{it-1}$			0.17 *** (4.79)	
$infr4_{it-1}$			0.34 *** (3.67)	
$\mathrm{Ln}fdi_{it-1} \times env_{it-1}$				0.00003 *** (2.07)

续表

变量	方程（1）	方程（2）	方程（3）	方程（4）
env_{it-1}				-0.27^{***} (-3.29)
pop_{t-1}	-0.00003 (-0.61)	-0.00003 (-0.51)	-0.00001 (-0.45)	-0.00002 (-1.07)
sav_{t-1}	0.0001^{***} (3.87)	0.000001^{***} (2.09)	0.00001 (1.02)	0.00001^{***} (2.11)
ten_{t-1}	0.20^{***} (6.38)	0.004^{***} (3.01)	0.0004 (0.92)	0.001^{***} (2.02)
cap_{t-1}	0.00001^{***} (2.39)	0.00001^{***} (5.82)	0.00002^{***} (2.09)	0.00003^{***} (5.92)
inf_{t-1}	-3.92 (-0.32)	-4.83^{***} (-5.34)	-8.07^{***} (-2.13)	-4.92 (-0.31)
emp_{t-1}	1.36^{***} (3.29)	1.98 (1.32)	3.49 (1.02)	5.03^{***} (2.02)
dis_{it-1}	-0.0004 (-1.20)	-0.001 (-1.18)	-0.0005 (-1.24)	-0.002 (-1.26)
tre_{it-1}	0.48 (0.87)	0.28 (0.89)	0.32 (1.45)	0.30 (1.28)
$urb1_{t-1}$	-0.04 (-0.67)	-0.01 (-0.77)	-0.02 (-1.03)	-0.26 (-1.24)
$urb2_{t-1}$	0.005 (0.67)	0.001 (0.88)	0.002 (0.92)	0.026 (0.14)
fre_{t-1}	0.01^{***} (3.27)	0.02^{***} (4.36)	0.03^{***} (2.90)	0.01^{***} (5.34)
add_{t-1}	0.0003 (0.97)	0.0006 (0.89)	0.0002 (0.02)	0.007 (1.06)
constant	-9.34 (-0.12)	7.43^{***} (3.02)	10.94^{**} (1.98)	12.89^{***} (7.96)
$AR(2)$	0.34	0.36	0.41	0.18
Sargan test	1	1	1	1

注：***、** 和 * 分别代表 1%、5% 和 10% 的显著水平，括号里数字是 z 值，$AR(2)$ 和 Sargan 值为 P 值。

方程（2）中，中国对共建"一带一路"国家直接投资和其与孔子学院（课堂）总数的交互项对因变量的回归系数仍显著为正，说明中国对"一带一路"国家的直接投资能显著地促进母国的经济增长，且双边文化交流的加强，能有效强化中国直接投资对母国经济增长的促进作用，证实了在"一带一路"背景下，双边文化交流对中国直接投资与母国经济增长关系有着正向的调节作用。

方程（3）中，经过基础设施变量的替换后，中国对共建"一带一路"国家直接投资对母国经济增长的影响仍显著为正。同时中国直接投资与东道国基础设施的交互项对因变量的回归系数显著为负，且中国直接投资与东道国交通基础设施的交互项对因变量回归系数绝对值最大，说明共建"一带一路"国家基础设施建设，尤其是交通基础设施建设越不理想，越能为中国直接投资提供广阔的潜在市场空间，中国对共建"一带一路"国家直接投资给母国即中国经济增长的促进作用越大，证实了在"一带一路"背景下，东道国基础设施建设对中国直接投资与母国经济增长关系中有着负向的调节作用。

方程（4）中，中国对共建"一带一路"国家直接投资对因变量回归系数在1%的水平下显著为正，说明中国对共建"一带一路"国家直接投资显著促进了母国的经济发展。$fdi_{it-1} \times env_{it-1}$ 对因变量回归系数显著为正，说明共建"一带一路"国家生态环境越不理想或者东道国生态环保标准越宽松，越能强化中国直接投资对母国的经济促进作用。

控制变量方面，储蓄率、固定资本、就业率、中国城镇化质量、中国工业产业增加值、中国与共建"一带一路"国家签署的自贸区协定、中国经济自由度以及科技发展对因变量回归系数均为正值，说明这些因素都是中国经济增长的源泉。其中就业率提高、经济自由度和科技进步对因变量回归系数相较于其他变量的回归系数较为显著且数值偏大，说明现阶段稳定就业，进一步对外开放和科技进步创新对中国经济增长会带来更大的发展空间。相反地，高通货膨胀率、中国人口的快速增长、中国城镇化人口的增多以及中国与共建"一带一路"国家的地理距离越远越不利于中国经济增长。

综上所述,回归后的结果与基准回归除回归系数数值和显著性有所不同以外,回归系数的符号与前期基准回归保持高度一致,说明前期所有基准回归的回归结果是稳健可信的。

6.4 调节变量的调节作用异质性

根据第5章分析,在"一带一路"倡议背景下,个别调节变量对中国直接投资与东道国经济增长关系的调节作用会因为双边投资协定和东道国贸易便利化程度而有所差异,那么,这一现象在中国直接投资与母国经济增长的关系中又会如何呢?

本书依然沿用第5章5.4节的分组标准①以及回归方法,进一步检验在"一带一路"倡议背景下,各个调节变量对中国直接投资与母国经济增长关系的调节作用是否会因为双边投资协定的签订与东道国贸易便利化水平的不同而有所差异。

方程(1a)和方程(1b)用于检验在"一带一路"倡议背景下,东道国制度对中国直接投资与母国经济增长关系的调节作用是否会因为双边投资协定的签订与否和东道国贸易便利化程度的高低而有所不同,

---

① 一组为贸易便利化、自由化水平较高且中国与该国签订双边投资协定的国家,在这些国家境内,说明中国投资企业不仅进入东道国相对便利,手续简单,进入成本少,而且进入后还能得到双边投资协定的保障,该组为样本一;另一组为贸易便利化水平较低或没与中国签订双边贸易协定的国家,在这些国家境内,中国投资企业或进入东道国手续复杂、进入风险成本和"门槛"较高,或进入东道国后得不到双边协定的"庇护",该组为样本二。回归方法采用系统GMM。

方程 （1a） 是样本一①的回归结果，方程 （1b） 是样本二②的回归结果。方程 （2a） 和方程 （2b） 用于检验在 "一带一路" 背景下，双边文化交流对中国直接投资和母国经济增长关系的调节作用是否会因为双边投资协定签订与否和东道国贸易便利化程度的高低而有所不同，方程 （2a） 是样本一的回归结果，方程 （2b） 是样本二的回归结果。

根据表 6.11 方程 （1a） 和方程 （1b） 的回归结果，无论在共建 "一带一路" 国家哪一个区域，中国直接投资对因变量回归系数都显著为正，说明中国对共建 "一带一路" 国家直接投资能够有效促进母国经济增长。

表 6.11　双边投资协定和东道国贸易便利化程度对调节变量调节作用的影响 – 1

变量	东道国制度		双边文化交流	
	方程 （1a）	方程 （1b）	方程 （2a）	方程 （2b）
$\text{Ln}gdp_{t-1}$	0.135 *** (14.65)	0.191 *** (3.09)	0.29 *** (4.83)	0.25 *** (4.77)
$\text{Ln}fdi_{it}$	0.000019 *** (2.20)	0.0003 *** (2.31)	0.000054 *** (3.60)	0.0003 *** (2.53)
$\text{Ln}fdi_{it} \times sys_{it}$	– 0.000039 *** （– 4.50）	0.0003 ** (1.98)		
sys_{it}	4.54 (1.26)	– 2.96 （– 1.05）		
$\text{Ln}fdi_{it} \times con_{it}$			– 0.000087 *** (6.70)	0.0001 *** (3.10)

续表

变量	东道国制度		双边文化交流	
	方程（1a）	方程（1b）	方程（2a）	方程（2b）
con_{it}			11.48 *** (8.68)	1.31 *** (2.58)
pop_t	− 0.000021 *** （− 3.61）	− 0.00002 *** （− 2.13）	− 0.000017 *** （− 4.26）	− 0.00001 *** （− 4.37）
sav_t	0.000016 *** (2.59)	0.00001 *** (5.93)	0.000017 *** (5.77)	0.00001 *** (4.33)
ten_t	0.0009 *** (5.95)	0.001 *** (5.31)	0.00018 *** (2.00)	0.002 *** (3.84)
cap_t	0.000039 *** (9.86)	0.00002 *** (6.38)	0.0000058 *** (6.90)	0.00005 *** (4.72)
inf_t	− 7.69 *** （− 8.24）	− 5.92 *** （− 5.09）	− 1.27 *** （− 5.75）	− 1.02 *** （− 4.88）
emp_t	5.49 *** (3.69)	3.27 *** (4.93)	5.85 *** (3.27)	6.23 *** (3.02)
constant	24.03 *** (27.76)	18.64 *** (9.44)	19.19 *** (3.60)	19.26 *** (8.39)
AR(2)	0.59	0.62	0.71	0.59
Sargan test	1	1	1	1

注：***、**和*分别代表1%、5%和10%的显著水平，括号里数字是 z 值，$AR(2)$和 Sargan 值为 P 值。

在贸易便利化程度较高且与中国签订了双边投资协定的国家，交互项 $fdi_{it} \times sys_{it}$ 对因变量的回归系数显著为负；在那些贸易便利化程度低或没有与中国签订双边投资协定的国家，交互项 $fdi_{it} \times sys_{it}$ 对因变量回归系数显著为正，这表明在"一带一路"背景下，东道国制度对中国直接投资与母国经济增长关系的调节作用会因为东道国贸易便利化程度高低和是否签订了双边投资协定的差异而有所不同。这一结果与东道国情况一致，说明在"一带一路"背景下，双边投资协定和东道国贸易便利化水平的提高能够抵消东道国制度不足的缺陷，促进中国直接投资带给双边经济增长的正向拉动作用。

在那些贸易便利化程度较高且与中国签订了双边投资协定的国家，交互项系数显著为负，说明此时东道国制度弱化了中国在共建"一带一路"国家直接投资对母国经济增长的促进作用。可能的原因在于：一方面，双边投资协定对中国投资企业的待遇、争端解决办法和权利义务等方面有了明确规定，为中国企业在共建"一带一路"国家的直接投资活动提供了安全保障。如此一来，双边投资协定弥补了东道国制度不足这一缺陷（宗芳宇等，2012），变相提高了中国企业的预期收益，有利于投资拉动母国的经济增长。另一方面，东道国贸易便利化程度越高，中国企业进入东道国就越便利，少了很多进入"门槛费用"，变相抵销了由于东道国制度不理想所造成的"损失"，有利于投资企业投资活动的进行（Rodolphe & Vicard，2009）。在那些贸易便利化程度低或没有与中国签订双边投资协定的国家，交互项对因变量的回归系数在1%的水平下显著为正，说明此时东道国制度越好，越能强化中国直接投资对母国经济增长的促进作用。可能原因在于：在缺少了双边投资协定的"庇护"和经历了较高的东道国投资准入"门槛"后，中国企业的对外直接投资风险和成本大大提高，如果此时东道国制度良好的话，能有效抵消这些"负面影响"。如果东道国制度较差，那么中国企业的对外直接投资活动必然面临亏损甚至撤资的风险，无法得到预期的投资利润，更无法通过传导机制将投资利润带回母国，拉动母国经济增长。

根据表6.11方程（2a）和方程（2b）的回归结果，无论中国与共建"一带一路"国家双边文化交流频繁与否，中国直接投资对母国经济增长有着显著、正向的促进作用。

在贸易便利化程度较高且与中国签订了双边投资协定的国家，交互项$fdi_{it} \times con_{it}$对因变量的回归系数显著为负，说明在此样本下双边文化交流的增加弱化了中国直接投资对母国经济增长的促进作用。在贸易便利化程度较低或尚未与中国签订双边投资协定的国家，交互项$fdi_{it} \times$

con_{it} 对因变量回归系数显著为正, 说明在此样本下双边文化交流强化了中国直接投资对母国经济增长的作用。这说明在 "一带一路" 背景下, 双边文化交流在中国直接投资与母国经济增长关系中的调节作用会因为东道国贸易便利化水平高低和双边投资协定签订与否的差异而有所不同。

在贸易便利化程度较高且与中国签订了双边投资协定的国家, 双边文化交流的增加反而弱化了中国直接投资对母国经济增长的促进作用。可能的解释为: 首先, 双边投资协定的签订为中国在共建 "一带一路" 国家的直接投资活动提供了一定保障, 即使双边文化交流有所减少或双边文化和地理距离较远, 投资协定也能在一定程度上相对弥补这一不足, 保护了中国直接投资企业的利润, 从而带动母国经济发展。其次, 在这些国家中有与中国同属儒家文化圈的国家, 如新加坡。相似的文化背景以及历史、文字渊源, 即使与这些国家相对减少双边文化交流, 中国直接投资的收益也不会受到过多影响。最后, 这些国家贸易便利化程度都相对较高, 在此条件下有更多的投资企业进入东道国, 随着进入东道国企业数量的增多, 投资收益也有所上涨。所以, "走出去" 企业数量的增多和进入成本的降低抵消了双边文化交流不足的不利影响。在东道国贸易便利化水平较低或未与中国签订双边投资协定的国家, 交互项 $fdi_{it} \times con_{it}$ 对因变量回归系数显著为正, 说明双边文化交流强化了中国直接投资对母国经济增长的促进作用。可能的解释是: 中国投资企业在这些区域进行投资活动本就因为没有双边投资协定少了 "保护伞", 更因为东道国贸易便利化水平较低而有着较高的 "进入门槛", 变相增加了中国企业对外直接投资的成本和风险, 如此一来, 双边文化交流对于降低文化差异风险、为企业免费提供政策咨询和员工语言培训等 "福利作用" 就显得更为重要。

这一结果与双边文化交流对中国在共建 "一带一路" 国家直接投资的东道国经济增长效应的差异性不同 (东道国是无差异), 产生这一结果的可能原因是: 投资活动对东道国经济增长的传导机制比对母国经济增长的传导机制相对复杂 (魏巧琴等, 2003), 对东道经济增长的传导机制要受到东道国其他因素影响相对较多，而对母国经济增长的促进作用更多是通过投资利润的逆向传导即可，所以直接投资对东道国经济增长促进作用更需要双边文化交流来强化。

方程（3a）和方程（3b）用于检验在"一带一路"背景下，东道国基础设施对中国直接投资和母国经济增长关系的调节作用是否会因为双边投资协定的签订与否和东道国贸易便利化程度高低而有所不同，方程（3b）是样本一①的回归结果，方程（3b）是样本二②的回归结果。方程（4a）和方程（4b）用于检验在"一带一路"背景下，东道国生态环境对中国直接投资和母国经济增长关系的调节作用是否会因为双边投资协定的签订与否和东道国贸易便利化程度高低而有所不同，方程（4b）是样本一的回归结果，方程（4b）是样本二的回归结果。

根据表 6.12 方程（3a）和方程（3b）的回归结果，中国对共建"一带一路"国家直接投资能够显著、正向促进母国经济增长，这一作用具有普遍性。

表 6.12　双边投资协定和东道国贸易便利化程度对调节变量调节作用的影响 - 2

变量	东道国基础设施		东道国生态环境	
	方程（3a）	方程（3b）	方程（4a）	方程（4b）
$Lngdp_{t-1}$	0.11 *** (9.77)	0.18 *** (3.52)	0.12 *** (4.91)	0.18 *** (4.56)
$Lnfdi_{it}$	0.00009 *** (14.69)	0.00003 *** (2.45)	0.000041 *** (2.00)	0.00003 *** (2.21)

① 新加坡、马来西亚、印度尼西亚、泰国、菲律宾，土耳其、阿联酋、沙特、卡塔尔、阿曼、以色列、波兰、捷克、斯洛伐克、匈牙利、斯洛文尼亚、克罗地亚、罗马尼亚、保加利亚、北马其顿、爱沙尼亚、立陶宛。
② 哈萨克斯坦、吉尔吉斯斯坦、塔吉克斯坦、缅甸、老挝、越南、文莱、印度、巴基斯坦、孟加拉国、尼泊尔、不丹、伊朗、巴林、黎巴嫩、也门、亚美尼亚、阿塞拜疆、埃及、黑山、乌克兰、摩尔多瓦。

续表

变量	东道国基础设施		东道国生态环境	
	方程（3a）	方程（3b）	方程（4a）	方程（4b）
$\text{Ln}fdi_{it} \times infr_{it}$	− 0. 000036 *** （− 2. 38）	− 0. 00004 *** （− 2. 28）		
$infr_{it}$	− 0. 000063 *** （− 4. 18）	− 0. 006 *** （− 2. 26）		
$\text{Ln}fdi_{it} \times env_{it}$			− 0. 000011 *** （− 3. 85）	0. 0006 *** （2. 03）
env_{it}			− 1. 23 *** （− 2. 09）	− 1. 04 *** （− 2. 35）
pop_t	− 0. 000022 *** （− 2. 40）	− 0. 00001 *** （− 2. 14）	− 0. 000022 *** （− 3. 24）	− 0. 00002 *** （− 2. 35）
sav_t	0. 000046 *** （2. 50）	0. 00006 *** （2. 65）	0. 000016 *** （2. 92）	0. 00001 *** （3. 64）
ten_t	0. 0054 *** （2. 20）	0. 007 *** （4. 33）	0. 0012 *** （6. 85）	0. 011 *** （3. 21）
cap_t	0. 000016 *** （2. 40）	0. 00005 （1. 04）	0. 000036 *** （2. 17）	0. 00002 *** （3. 99）
inf_t	− 6. 9 *** （− 5. 23）	− 5. 76 *** （− 6. 22）	− 6. 85 *** （− 13. 80）	− 5. 47 *** （− 2. 42）
emp_t	1. 02 *** （2. 21）	0. 83 *** （7. 34）	5. 32 *** （3. 78）	5. 02 *** （5. 09）
$constant$	55. 98 *** （19. 8）	43. 67 *** （10. 56）	25. 8 *** （27. 08）	20. 22 *** （16. 3）
$AR(2)$	0. 63	0. 36	0. 55	0. 53
$Sargan\ test$	1	1	1	1

注：*** 、** 和 * 分别代表 1% 、5% 和 10% 的显著水平，括号里数字是 z 值，$AR(2)$ 和 $Sargan$ 值为 P 值。

在东道国贸易便利化程度较高且与中国有双边投资协定的国家，交互项 $fdi_{it} \times infr_{it}$ 对因变量的回归系数显著为负，说明东道国基础设施越不理想,中国对共建"一带一路"国家直接投资给母国经济增长的促进作用越大。在东道国贸易便利化程度较低或尚未与中国签订双边投资协定的国家,交互项 $fdi_{it} \times infr_{it}$ 对因变量回归系数也为负,说明在这一区域东道国基础设施市场需求越大,中国对共建"一带一路"国家直接投资给母国经济增长的促进作用越大,验证了在"一带一路"背景下,东道国基础设施在中国直接投资与母国经济增长关系中的调节作用并未因为东道国贸易便利化程度高低和双边投资协定的签订与否的差异而有所不同。

在东道国贸易便利化程度高且与中国有双边投资协定的国家,交互项 $fdi_{it} \times infr_{it}$ 对因变量回归系数显著为负,说明东道国基础设施越不理想,中国对共建"一带一路"国家直接投资给母国经济增长的促进作用越大。可能解释为:虽然这些国家基础设施建设情况总体较好,但也存在着一定的基础设施需求,如果这些国家有基础设施项目的投资需求,再加上这些国家政治环境都相对稳定和双边投资协定的保障作用,中国企业会更倾向到这些国家或地区进行基础设施投资,通过直接投资活动带动母国经济增长。在东道国贸易便利化程度较低或尚未与中国签订双边投资协定的国家,交互项 $fdi_{it} \times infr_{it}$ 对因变量回归系数也为负,说明在这一区域东道国基础设施市场缺口越大,中国直接投资给母国经济增长的促进作用越大。这说明,即使在这些区域投资进入"门槛"较高或没有双边投资协定的保障,但越是基础设施建设不完善的区域,越需要更多的基础设施投资,投资到该地区的基础设施项目越能带来丰厚的投资回报,从而带动母国经济的发展。这一结果的产生与现阶段共建"一带一路"国家基础设施建设匮乏不无关系,有着明显的"一带一路"特性。

根据表6.12方程(4a)和方程(4b)的回归结果,无论在共建"一带一路"国家哪个区域,中国直接投资都能显著地促进母国经济增长,这一作用具有普遍性。在东道国贸易便利化水平较高且与中国签订了双边投资协定的国家,东道国生态环境越好越有利于中国直接投资对母国经济增长的促进作用；而在那些东道国贸易便利化程度较低或者尚未与中国签订双边投资协定的国家，东道国生态环境情况越不理想，或者东道国生态环保标准越低，越有利于中国投资企业对母国经济增长的促进作用，这说明在"一带一路"背景下，东道国生态环境对中国直接投资与母国经济增长关系中的调节作用会因为东道国贸易便利化程度的高低和是否签订双边投资协定而有所区别。

在东道国贸易便利化水平较高且与中国签订了双边投资协定的国家，东道国生态环境越好越有利于中国"一带一路"直接投资对母国经济增长的促进作用。可能解释为：首先，从本意上来讲，中国十分重视绿色"一带一路"的建设，习近平主席多次强调要深化与"一带一路"国家的环保合作，在对"一带一路"国家进行投资、贸易活动中突出生态文明理念，加强对"一带一路"国家生态环境的保护。绿色低碳发展已成为全球共识，共建国家绿色低碳转型发展潜力巨大。作为高质量共建"一带一路"的重要内容，绿色丝绸之路建设已成为支持这些国家绿色低碳转型、推动共建清洁美丽世界的重要举措。2017 年中国环境保护部编制的《"一带一路"生态环境保护合作规划》出炉，该规划更是体现了中国注重"一带一路"国家的可持续发展，践行绿色发展的理念。但是现阶段"一带一路"沿线部分国家多为发展中国家，对于经济增长的过分重视、经济增长方式粗放等弊端，导致了当地政府对本国生态环境治理和生态环境保护的重视程度不够。截至 2022 年 7 月，提出净零排放目标的共建"一带一路"国家已经占到全球提出净零排放目标国家和地区的 70% 以上。① 加之中国部分投资企业尤其是中小型企业抵抗对外直接投资风险和成本的能力较弱，投资过程中对东道国社会和生态环保意识不强，东道国较低的环保标准正好符合了他们的"期望"，但双边投资协定的签署降低了中国企业对外直接投资的

---

① 国家发展改革委部门关于推进共建"一带一路"绿色发展的意见 [OB/EL]. 中华人民共和国中央人民政府网站，2022 年 3 月 29 日.

风险和成本, 若投资企业能够在双边投资协定的保障下提高对东道国的环保意识, 研发新的环保技术, 不仅可以造福东道国, 也可以通过投资环保技术和投资收益的逆向溢出效应, 带动母国经济增长。其次, 这些样本国家多是贸易便利化程度较高的国家, 低 "门槛" 的准入标准, 会吸引大量的海外投资, 当 "良莠不齐" 的直接投资企业纷纷进入东道国时, 为了减少直接投资给环境造成的负面影响, 东道国政府势必会重视环境问题, 出台相对更加严格的投资环保标准, 强制投资企业在投资过程中注重对东道国的生态环境保护。最后, 在这些贸易便利化程度较高的国家, 中国直接投资企业会因为 "低门槛" 的准入标准纷纷入驻东道国进行投资活动, 投资企业数量的增加会带来更多的投资收益, 抵销较高的东道国环保标准造成的成本增加, 带动母国经济增长。在那些贸易便利化程度较低或未与中国签订双边投资协定的国家, 东道国生态环境越不理想, 或者东道国生态环保标准越低, 越有利于中国直接投资对母国经济增长的促进作用。在贸易便利化程度较低或与中国尚未签订双边投资协定的国家, 中国投资活动本就面临更高的进入成本和投资风险, 所以东道国生态环境越脆弱或者东道国生态环保标准越低, 越有利于中国直接投资企业降低环保成本, 越能够强化中国直接投资对母国经济增长的促进作用。

这一结果与东道国经济增长的结果截然相反, 东道国的结论是在 "一带一路" 环境下, 东道国生态环境对中国直接投资与东道国经济增长关系中的调节作用并未因为东道国贸易便利化水平和是否签订双边投资协定的差异而有所区别。

综上所述, 在 "一带一路" 背景下, 东道国制度、双边文化交流和东道国生态环境等因素对中国直接投资与母国经济增长关系中的调节作用因为双边投资协定的签订与否和东道国贸易便利化程度的不同而有所差异, 但在 "一带一路" 背景下, 东道国基础设施对中国直接投资与母国经济增长关系中的调节作用并没有因为双边投资协定与东道国贸易便利化程度的不同而有所差异。

6.5 对非共建 "一带一路" 国家直接投资与母国经济增长的简要分析

根据第5章分析可知，在非共建"一带一路"国家样本中，中国直接投资并不能显著地促进东道国经济增长，且部分调节变量对中国直接投资与东道国经济增长关系的调节作用与共建"一带一路"国家不同。那么，在非共建"一带一路"国家中，中国直接投资对母国经济增长的影响和东道国一样吗？各项调节变量的调节作用又如何呢？调节变量对中国直接投资与母国经济增长关系的调节作用在共建"一带一路"国家与非共建"一带一路"国家又有什么差异呢？

本节在此沿用第5章5.5节的分析思路、样本选择标准[①]以及回归方法，对比分析在非共建"一带一路"国家中，中国直接投资对母国经济增长的作用与中国直接投资对东道国经济增长的作用有何不同？同时，在共建"一带一路"和非共建"一带一路"国家中，各个调节变量对中国直接投资与母国经济增长关系的调节作用有何不同？由于非共建"一带一路"国家并不是本章的研究对象和重点，所以解释变量和被解释变量均与方程6.1一致。

方程（1）引入了东道国制度变量以及东道国制度与中国直接投资的交互项，方程（2）引入了双边文化交流变量以及双边文化交流与中国直接投资的交互项，方程（3）引入了东道国基础设施变量以及东道国基础设施与中国直接投资的交互项，方程（4）引入了东道国生态环境变量以及东道国生态环境与中国直接投资的交互项。通过以上方程的回归结果，对比各项调节变量对中国直接投资与母国经济增长关系的调节作用在共建"一带一路"国家和非共建"一带一路"国家是否有显著的差异。

由表6.13可知,在方程(1)中,中国对非共建"一带一路"国家的直接投资能够显著地促进母国经济增长,这一结果与共建"一带一路"国家一致,主要原因在于非共建"一带一路"样本国家均是中国对外直接投资流量和存量都较多的国家,这些国家占据中国对外直接投资的较大比例,对这些国家的直接投资能显著地促进中国经济增长。与共建"一带一路"国家一致的是,在非共建"一带一路"样本国家中,东道国制度越好越能强化中国直接投资对母国经济增长的促进作用。可能原因是,非共建"一带一路"样本国家中,多数国家与中国地理距离较远,且有不少国家并未与中国签订双边投资协定或已签订协定但没有生效,此时更需要良好的东道国制度作为直接投资活动顺利进行的保障。所以,无论是在共建"一带一路"国家还是在非共建"一带一路"国家,东道国制度越好越能强化中国直接投资对母国经济增长的促进作用。

表6.13　对非共建"一带一路"国家直接投资与母国经济增长的简要分析

变量	方程(1)	方程(2)	方程(3)	方程(4)
$Lnchgdp_{t-1}$	0.0019 *** (7.26)	0.00022 *** (8.30)	0.013 *** (3.83)	0.0083 *** (4.96)
$Lnfdi_{it}$	0.000020 *** (3.71)	0.000043 *** (4.92)	0.000052 *** (4.86)	0.000013 *** (6.98)
$Lnfdi_{it} \times sys_{it}$	0.000022 *** (8.50)			
sys_{it}	1.98 (0.74)			
$Lnfdi_{it} \times con_{it}$		0.000035 (0.02)		
con_{it}		0.36 (0.94)		
$Lnfdi_{it} \times infr_{it}$			0.000038 *** (6.99)	

续表

变量	方程（1）	方程（2）	方程（3）	方程（4）
$infr_{it}$			0.87 *** (6.23)	
$\mathrm{Ln}fdi_{it} \times env_{it}$				− 0.00002 *** （ − 8.79）
env_{it}				− 7.82 （ − 0.80）
pop_t	− 0.000063 *** （ − 3.78）	− 0.000019 *** （ − 4.33）	− 0.000028 （ − 1.02）	− 0.000025 *** （ − 2.75）
sav_t	0.000073 *** （8.44）	0.000038 *** （5.09）	0.000040 （1.06）	0.000039 *** （5.96）
ten_t	0.076 *** （5.49）	0.0056 *** （3.89）	0.029 *** （7.48）	0.19 （0.55）
cap_t	0.00004 *** （5.89）	0.00005 *** （3.29）	0.00007 *** （2.67）	0.00005 （0.38）
inf_t	− 0.00002 *** （ − 6.43）	− 3.24 *** （ − 2.89）	− 1.47 （ − 0.13）	− 6.34 *** （ − 9.32）
emp_t	5.66 *** （9.32）	2.93 *** （9.34）	5.99 *** （5.61）	0.75 *** （5.40）
constant	12.64 *** （9.36）	− 9.22 *** （ − 7.65）	9.42 *** （2.61）	− 8.04 （ − 1.33）
AR（2）	0.56	0.74	0.78	0.83
Sargan test	1	1	1	1

注：*** 、** 和 * 分别代表 1%、5% 和 10% 的显著水平，括号里数字是 z 值，*AR*（2）和 *Sargan* 值为 P 值。

方程（2）中，与共建"一带一路"国家不同的是，在非共建"一带一路"样本国家中，交互项对因变量回归系数虽为正，但不显著，说明双边文化交流对中国直接投资与母国经济增长关系之间没有显著调节作用。可能的解释是：非共建"一带一路"样本国家与中国在意识形态上相差较大，且地理距离较远，即使加强了双边文化交流，中国直接投资也很难带给母国经济增长更大的促进作用。所以，在"一带一路"背景下，若想中国直接投资带给母国经济发展更大的促进作用，可以通过强化双边文化交流的方式；但在非共建"一带一路"国家，这一方式的影响并不显著。

方程（3）中，与共建"一带一路"国家不同的是，非共建"一带一路"国家东道国基础设施建设越完善，越能强化中国直接投资对母国经济增长的促进作用。主要原因在于中国在非共建"一带一路"样本国家直接投资行业主要集中在制造业，而东道国基础设施的发展是制造企业得以顺利生产的保障条件，这一结果进一步说明东道国基础设施对中国直接投资与双边经济增长关系的负向调节作用有着明显的"一带一路"标签。

方程（4）中，与共建"一带一路"国家不同的是，非共建"一带一路"国家东道国生态环境越好，或者东道国环保标准越高，越有利中国直接投资对母国经济增长的促进作用。可能的解释为：非共建"一带一路"样本国家多是经济发展较快且东道国生态环境较好、生态环保经验丰富、相关立法较为完备的国家，若想在这些国家进行直接投资，必须达到较高的投资环保标准，为了适应这一标准，中国投资企业势必要加大环保投入，研发新的环保技术，如此一来，既能满足东道国的进入"门槛"，树立了中资企业良好的国际形象，也可以通过逆向环保技术溢出带动母国经济发展。这一结果进一步表明了中国在共建"一带一路"国家直接投资的"特殊性"：东道国生态环境越不理想，越有利于强化中国直接投资对母国经济增长的促进作用。

综上所述，在非共建"一带一路"国家中，中国直接投资都能显著地促进母国经济增长。因为本书选择的非共建"一带一路"样本国家均是中国历年直接投资额较高的国家和地区，所以对这些区域的直接投资能显著地促进母国经济增长。在"一带一路"背景下，东道国基础设施以及东道国生态环境对中国直接投资和母国经济增长关系的调节作用与非共建"一带一路"国家样本完全相反，这与中国在共建"一带一路"国家直接投资特点、东道国经济发展情况不无关系，充分显示了共建"一带一路"国家的特殊性。

6.6 本章小结

　　本章从东道国制度、双边文化交流、东道国基础设施和东道国生态环境等角度讨论了这些变量对中国在共建"一带一路"国家直接投资给母国经济增长的影响。实证结果表明，第一，整体看来，在共建"一带一路"背景下，东道国制度越好、双边文化交流越频繁、东道国基础设施市场需求越大、东道国生态环境越不理想，或者环保标准越低，越能强化中国直接投资对母国经济增长的促进作用。第二，根据分区域回归结果，与全样本回归结果不同的是，在东盟和中东欧地区，东道国制度越好、双边文化交流越频繁，反而弱化了中国直接投资对母国经济增长的促进作用；在东盟和中东欧地区，东道国生态环保标准越高，越能强化中国直接投资对母国经济增长的促进作用。第三，在"一带一路"背景下，东道国制度、双边文化交流和东道国生态环境对中国直接投资与母国经济增长关系的调节作用会因为东道国贸易便利化水平高低和双边投资协定签订与否而有所不同。第四，在共建"一带一路"背景下，东道国基础设施对中国直接投资与母国经济增长关系的调节作用不会因为东道国贸易便利化高低和双边协定签订与否有所不同。第五，通过与非共建"一带一路"国家对比分析，在"一带一路"环境下，东道国基础设施、东道国生态环境和双边文化交流调节变量对中国直接投资给母国经济增长作用问题上的调节作用有着明显的"特殊性"。

　　本章实证结果表明，在共建"一带一路"背景下，个别调节变量对中国直接投资与母国经济增长关系的调节作用在共建"一带一路"

国家不同区域与第 5 章东道国经济增长的调节作用有所出入。同时，在 "一带一路" 背景下，从母国经济增长视角，双边投资协定和东道国贸易便利化对个别调节变量的影响与第 5 章东道国经济增长也有所差别。这一结果反映了从不同角度来看，调节变量的作用有所不同。

第7章

结论与政策建议

从前文的分析可知，"一带一路"倡议给中国和东道国都带来了前所未有的发展机遇。中国企业也积极响应"走出去"的热潮，对"一带一路"国家展开了较多的直接投资活动。自2013年"一带一路"倡议提出以来的十年间，"一带一路"建设在政策沟通、设施联通、贸易畅通、资金融通、民心相通上取得了丰硕成果，得到了越来越多国家的认同。近几年中国对共建"一带一路"国家的直接投资流量呈现波动式增长，且中国在共建"一带一路"国家直接投资中存在着一定的问题和风险。本书定性描述了中国对共建"一带一路"国家直接投资的现状和存在问题，并基于索洛增长模型，将直接投资变量和调节变量纳入模型中从理论上讨论了一国经济增长的来源。在综合考虑了共建"一带一路"国家的发展特征和中国在共建"一带一路"国家直接投资的特点后，本书选择了东道国制度、双边文化交流、东道国基础设施和东道国生态环境等作为调节变量，定量研究在"一带一路"背景下，中国直接投资对双边经济增长的影响，以及上述调节变量在"一带一路"背景下，对中国直接投资与双边经济增长关系的调节作用。

 结论

本书基于定性分析和定量回归，取得的主要研究成果如下。

1. 东道国制度是影响中国直接投资与双边经济增长关系的重要因素

根据实证结果，无论是在"一带一路"背景下，或是在非"一带一路"背景下，东道国制度在直接投资与双边经济增长关系中都有着显著、正向的调节作用，即东道国制度越好越有利于强化中国直接投资对双边经济增长的促进作用。东道国制度是中国直接投资活动能否在共建"一带一路"国家顺利开展的重要外部保障，良好的东道国制度可以降低中国投资企业的风险，有效地带动双边经济增长。

2. 东道国基础设施是影响中国直接投资与双边经济增长关系的重要因素

根据实证结果，在"一带一路"背景下，东道国基础设施建设越不完善，或者东道国基础设施市场需求越大，越能够强化中国直接投资对双边经济增长的促进作用。相反地，在非"一带一路"背景下，东道国基础设施越完善，越能强化中国直接投资对双边经济增长的促进作用。所以，东道国基础设施对中国直接投资与双边经济增长关系的"负向"调节作用有着明显的"一带一路"特征。

3. 双边文化交流是影响中国直接投资与双边经济增长关系的重要因素

根据实证结果，在"一带一路"背景下，双边文化交流对中国直接投资与双边经济增长关系中有着显著的正向调节作用。双边文化交流降低了两国文化差异带来的负面影响，促进了中国企业在东道国的直接投资活动，提高了投资企业的利润收益。在非"一带一路"背景下，双边文化交流对中国直接投资与双边经济增长关系的调节作用不显著，说明双边文化交流对中国直接投资与双边经济增长关系的正向调节作用有着明显的"一带一路"标签。

4. 东道国生态环境是影响中国直接投资与双边经济增长关系的重要因素

根据实证结果，在"一带一路"背景下，东道国生态环境越不理想或者东道国生态环保标准越低，越能强化中国直接投资对双边经济增长的促进作用。相反地，在非"一带一路"背景下，东道国生态环境越好或者投资环保标准越高，越能强化中国直接投资对双边经济增长的拉动作用。所以，东道国生态环境对中国直接投资与双边经济增长关系的"正向"调节作用，有着明显的"一带一路"标签。

5. 中国对"一带一路"国家的直接投资确实促进了双边经济增长

根据实证结果，无论是否考虑到调节变量的作用，中国对共建"一带一路"国家的直接投资对双边经济增长都有明显的正向促进作用。其中，中国直接投资对东道国经济增长的回归系数明显高于对中国经济增长的回归系数，说明中国对共建"一带一路"国家的直接投资更能有效地促进东道国的经济增长，这一结果否定了某些西方国家对中国"一带一路"倡议的质疑和不正确猜想，肯定了中国对共建"一带一路"国家直接投资的意义。

6. 调节变量对中国直接投资与东道国经济增长关系的调节作用有着区域差异性

根据实证结果，"一带一路"背景下，在东盟和中东欧地区，部分调节变量对中国直接投资与东道国经济增长关系中的调节作用与全样本基准回归有所差别。与共建"一带一路"国家全样本基准回归不同的是，在东盟和中东欧两个地区，东道国制度和东道国生态环境对中国直接投资与其经济增长关系中有着显著的"负向"调节作用；在东盟地区，东道国基础设施对中国直接投资与东道国经济增长关系中有着显著的正向调节作用。

7. 调节变量对中国直接投资与母国经济增长关系的调节作用有着区域差异性

根据实证结果，"一带一路"背景下，在东盟和中东欧地区，部分调节变量对中国直接投资与母国经济增长关系中的调节作用与全样本基准回归有所差别。与共建"一带一路"国家全样本基准回归不同的是，在东盟和中东欧两个地区，东道国制度、双边文化交流和东道国生态环境在中国直接投资与母国经济增长关系中都有着显著的负向调节作用。

8. 调节变量的调节作用会因为双边投资协定和东道国贸易便利化程度有所差异

根据实证结果，"一带一路"背景下，东道国制度对中国直接投资与东道国经济增长关系的调节作用会因为双边投资协定和东道国贸易便利化程度有所差异。东道国制度、双边文化交流和东道国生态环境对中国直接投资与母国经济增长关系的调节作用会因为双边投资协定和东道国贸易便利化程度有所差异。

7.2 政策建议

根据前文的结论，在"一带一路"背景下，中国直接投资确实促进了双边经济增长，但直接投资的双边经济增长效应不仅受到了诸多调节变量的影响，还与双边投资协定的签订和东道国贸易便利化程度息息相关，且相较于非共建"一带一路"国家，调节变量的调节作用有着明显的"一带一路"标签。所以，在"一带一路"背景下，研究中国直接投资的双边经济增长效应，要结合共建"一带一路"国家的实际发展情况去分析。为了更好地发挥中国对共建"一带一路"国家直接投资的双边经济增长效应，本节结合前文的理论和实证分析结论，提出以下政策建议。

1. 中国企业应合理规避共建"一带一路"国家的东道国制度风险

根据前文结论，在"一带一路"背景下，东道国制度在中国直接投资与双边经济增长关系中有着显著的正向调节作用。良好的东道国制度不仅是吸引外资的重要条件，更是外资进入东道国后投资活动顺利开

展的重要保障。东道国制度是一个包含了东道国经济、政治、文化和法制等多方面的综合性社会因素。现阶段共建"一带一路"国家不确定因素增多,东道国制度质量也随之有所变化。

西亚地区局势不稳定因素有增无减。西亚地区存在的政局动荡、恐怖主义、民族矛盾、政府治理能力落后、经济衰退等问题,使得中国企业的对外直接投资活动屡屡受挫,西亚地区直接投资国家风险显著上升。南亚地区也是"一带一路"国家制度风险较高的区域,中国企业进入该区域要充分考虑制度风险。中亚国家的政权交迭可能会给当地的政治稳定性带来冲击,各国之间仍不时有边境冲突发生,也给中亚地区的稳定带来了不确定因素。部分中亚国家对能源行业的直接投资设置了较高的准入壁垒,给中国与中亚国家相关能源项目的合作造成了一定的负面影响。东南亚和中东欧两个地区虽然在共建"一带一路"国家中投资环境相对较好,但仍有不利因素的存在。中东欧地区在欧债危机爆发后经历的经济衰退都为中国在共建"一带一路"国家的直接投资活动增加了风险和安全隐患。

综上所述,共建"一带一路"国家的各个区域都存在着一定程度的东道国制度风险,中国企业在对共建"一带一路"国家直接投资之前必须重视和认真评估东道国制度的影响,提前做好调研工作,加强中资企业对外投资的风险预警机制,完善对外直接投资企业的商业保险保障工作(杨宏恩,2016;祝继高,2023),合理选择投资区域,积极应对和防范东道国制度风险。

2. 中国企业应加大对共建"一带一路"国家基础设施的投资力度

根据前文结论,在"一带一路"背景下,东道国基础设施市场需求越大,越有利于强化中国直接投资对双边经济增长的促进作用,且东道国基础设施对中国直接投资与双边经济增长关系的负向调节作用有着明显的"一带一路"标签。前文结论表明了共建"一带一路"国家基础设施市场存在着巨大需求。在基础设施方面,中国拥有基础设施建设的先进技术和开发经验,尤其是铁路和高铁建设。在秉持"共商、共享、共建"的原则下，中国应积极分享基础设施建设方面的成功经验，抓住共建"一带一路"国家大力发展本国基础设施建设的契机，鼓励中国企业积极地"走出去"，投入到共建"一带一路"国家的基础设施建设当中，不断加大对共建"一带一路"国家基础设施的投资力度，成为这些国家基础设施项目的主要参与者，造福两地人民，促进共建"一带一路"国家的经济发展。

3. 中国应加强与共建"一带一路"国家的双边文化交流

根据前文结论，双边文化交流对中国直接投资与双边经济增长关系中有着显著的正向调节作用。作为共建"一带一路"的社会根基，民心相通的背后是"一带一路"共建国之间广泛的人文交流。加强与共建"一带一路"国家的双边文化交流能够强化中国直接投资的双边经济增长效应，加强与共建"一带一路"国家的双方文化交流也是实现民心相通的重要途径。

首先，加快文化交流合作的基础设施建设，尤其是互联网建设，以文化创新为核心，推动开展创意开发、遗产保护与利用、贸易与资源配送等文化交流合作。其次，丰富双边文化交流的形式，除了文艺展演、文物博览等形式，还要不断拓展教育、科技、学术往来等新领域合作，创新交流合作的形式。最后，打造并形成有特色的文化精品，让它们成为双边文化交流的重要载体。中国应培育品牌文化产品，举办有内涵的文化论坛，注重利用网络新媒体手段，让丝路精神薪火相传，成为促进双边经济增长的重要纽带。

4. 中国企业应注重在共建"一带一路"国家直接投资中的环境效益

根据前文结论，共建"一带一路"国家生态环境越不理想或者生态环保标准越低，越有利于强化中国直接投资的双边经济增长效应。这一结果虽然与共建"一带一路"国家现阶段的发展情况有一定的关系，但从长远看来却不利于东道国的长期发展。中国的"一带一路"倡议是在互惠互利的基础上不断扩展双边利益，实现长期、可持续发展。中国应秉持着可持续发展的方针，主动承担大国的社会责任，严格保护共建"一带一路"国家的生态环境，在进行对外直接投资时，要将生态文明摆在重要位置，注重环保科技研发的投入和环保科研人员的培养，优化直接投资的行业结构，加强对共建"一带一路"国家技术密集型直接投资的输出。中国直接投资活动不仅要给这些国家带来经济增长，更应该为其带来绿色、低碳的发展模式。

5. 中国应主动承担大国责任，彰显中国直接投资对共建"一带一路"国家的贡献

根据前文结论，中国对共建"一带一路"国家的直接投资能显著地促进双边经济增长，尤其是东道国的经济增长。所以中国应抛开不实言论所带来的困扰，正视与共建"一带一路"国家的经济合作，看到中国直接投资带给这些国家的实际利益。

中国应积极参与共建"一带一路"国家的经济活动，在国际舞台上担负起发展中大国的责任，加大对共建"一带一路"国家的直接投资，更要借助于"一带一路"倡议，宣传互利共赢的理念，充分体现中国的开放性和包容性。现阶段中国对"一带一路"国家直接投资活动较多都涉及其经济建设和民生建设领域，尤其是基础设施项目的合作，可能会引起一些东道国的误会，认为中国侵犯了他们的"主权安全"，外加某些西方大国刻意的舆论引导，造成了部分东道国认为"一带一路"倡议是中国为了维护自身利益而发起的，对中国的直接投资活动或多或少有些许抵触情绪，因此中国在对共建"一带一路"国家的直接投资活动中首先要打好政治舆论基础。通过高层对话、设立专门的交流平台和机构、强化多边合作，特别是上海合作组织、亚太经合组织、中国－中东欧国家合作机制、亚欧会议等多边合作机制，秉持求同存异的方针，不断调整合作方式，加强沟通对话，向共建"一带一路"国家传递中国"一带一路"倡议的真正含义，加强政治互信，让共建"一带一路"国家切实看到中国直接投资活动给其经济发展带来的好处，打消他们的顾虑，充分调动他们的积极性，让他们也真正参与到"一带一路"倡议的推进中来，为"一带一路"倡议的顺利推进夯实政治基础。

6. 中国政府应鼓励民营企业积极参与共建 "一带一路" 国家的直接投资活动

根据前文结论，中国对共建 "一带一路" 国家直接投资的主体多是大型国企，民营企业较少，投资主体相对单一。民营企业抵御风险的能力相对较弱、风险防范意识不足，在融资方面也不具优势等问题都是导致民营企业参与共建 "一带一路" 国家直接投资的障碍。事实证明，中国民营企业在对外直接投资过程中遭受的恐怖袭击、诈骗、自然灾害等人身和财产损失远远高于国有企业。

为了多元化投资主体，政府应多鼓励中国民营企业积极参与到共建 "一带一路" 国家建设中。通过树立典型，鼓励一部分有实力的民营企业先走出去；通过优惠政策引导中小型的民营企业借助海外商会这样的平台，实现抱团出海，增强抵御外来风险的能力；通过采取多种形式为民营企业的对外直接投资形成保障合力，放宽对民营企业的制度限制，减少民营企业对外直接投资的风险，增强他们对外直接投资的自信。

7. 中国政府应为对外直接投资企业提供有效的保障措施

根据前文结论，中国企业在共建 "一带一路" 国家的直接投资活动面临着多方的潜在风险，这些风险不仅给中资企业的直接投资活动带来了一定的不确定性，也影响着中国直接投资的经济增长效应。为了降低投资风险，保障投资企业在东道国投资活动的顺利进行，建议中国政府应采取一定的措施为中资企业在共建 "一带一路" 国家的直接投资保驾护航。首先，中国应加快出台与国际接轨的相关海外投资法律法规，针对 "一带一路" 倡议，在相关法条中专门开辟共建 "一带一路" 国家直接投资专栏，以法律的形式为中国直接投资活动找到依靠。其次，中国政府相关部门应及时更新关于共建 "一带一路" 国家的相关信息数据库，如《对外投资合作国别指南》等，便于中国企业对外直接投资前期调研获得更有效的信息，进行前期评估，降低风险，增加收益。最后，中国可以学习西方大国的经验，成立专门的官方机构，统一管理中国企业在共建"一带一路"国家的投资活动。该机构可以给投资企业提供专业的投资服务指导、办理企业直接投资风险担保和对外投资项目风险评估代理等工作，降低中资企业对外直接投资的风险。

8. 注重发挥双边投资协定对中国在共建"一带一路"国家直接投资的保障作用

根据前文结论，双边投资协定的签订不仅影响着调节变量的调节作用，并且对于中资企业在共建"一带一路"国家的直接投资活动有着一定的保障作用。因此，政府应注重与共建"一带一路"国家签订高标准的双边投资协定，并不断更新和完善相应投资保护条款。我们要不断更新、补充双边投资协定内容，让它为中国企业在共建"一带一路"国家的直接投资活动提供应有的利益保障。

9. 不断优化中国对共建"一带一路"国家直接投资的区位分布结构

根据前文结论，现阶段中国对共建"一带一路"国家直接投资区位分布较为集中，出现"一边倒"的趋势，对东盟地区的直接投资额明显高于其他区域。若想全面促进共建"一带一路"国家的经济发展，中国必须进一步加大对中东欧、中亚等地区的直接投资额，不断优化中国企业在共建"一带一路"国家直接投资的区位分布结构，为进一步全面推行"一带一路"倡议奠定基础。

7.3 研究展望

由于文章篇幅和数据可得性等原因，还有部分问题并未在本书中进行深入的研究，希望在以后的科研生活中可以进行进一步的分析。

一方面，在"一带一路"倡议下，投资异质性对中国直接投资给双边经济增长的影响。由于文章篇幅的局限和数据可得性，本书在分析中国直接投资对双边经济增长的影响时，将直接投资活动看作了一个整体。没有根据直接投资的主体，如：国企、非国企；直接投资的来源地，如直接投资来自中国哪一个省份；直接投资企业的规模等进行投资的异质性划分。下一步可以根据投资异质性继续深入研究在"一带一路"背景下，中国直接投资活动对双边经济增长的影响，这会为中国投资企业如何才能更好地促进双边经济增长，提供更好的、更具体的理论支撑。

另一方面，在"一带一路"背景下，其余调节变量对中国直接投资与双边经济关系的影响。由于文章篇幅的限制，仍有一些可能对中国直接投资与双边经济增长关系有影响的调节变量未纳入文章之中。所以下一步可以在"一带一路"背景下，深入挖掘更多对中国直接投资与双边经济增长关系有重要影响的调节变量。

7.4 结束语

党的二十大报告指出，"共建'一带一路'成为深受欢迎的国际公共产品和国际合作平台"，并提出了"推动共建'一带一路'高质量发展"的要求。经贸合作是共建"一带一路"的重要内容。2013 年到2023 年的十年间，中国与"一带一路"沿线国家积极发展互利共赢的贸易投资合作关系，成功举办 5 届中国国际进口博览会，倡导成立亚投行和丝路基金，基本形成长期、稳定、可持续、风险可控的投融资体系。

2013~2022 年，我国与共建国家的累计双向投资超过 3800 亿美元，其中对共建国家的直接投资超过 2400 亿美元，涵盖经济社会发展多个领域。我国还与共建国家合作建设了一系列的经贸合作区，截至 2022 年底累计投资已超 600 亿美元。同时，共建国家也积极投资我国，共享我国发展机遇，十年来累计对华投资超过 1400 亿美元，在华新设企业接近 6.7 万家。①

从共建"一带一路"国家视角来看，2013～2023 年这 10 年来，"一带一路"倡议拉动近万亿美元投资规模，达成 3000 多个合作项目，为沿线国家创造 42 万个工作岗位，让近 4000 万人摆脱贫困，使各国获得更多发展机会。②

从中国视角来看，中国企业在 10 年间的"一带一路"投资中获得了显著的好处。中国在"一带一路"沿线的港口、物流、贸易、基建、装备机械等相关行业企业收益明显。截至 2022 年，我国企业在"一带一路"沿线国家新签对外承包工程项目合同 5514 份，新签合同 8718.4 亿元人民币，占同期我国对外承包工程新签合同总额的 51.2%。③ "一带一路"已经成为我国工程出口的最大窗口。

直接投资活动确实为双方带来了实在的经济利益，符合双边的需求。目前，保护主义、逆全球化思潮抬头，多边主义受到挑战和冲击，全球发展模式和治理体系亟待改革和完善。全球形势的变化客观上将共建"一带一路"推到了一个更高的位置，成为越来越多的国家探索全球经济治理新模式的平台。中国通过共建"一带一路"与相关国家共同营造经济开放合作氛围，突破逆全球化思潮和地缘政治博弈阴霾，推动了包容、普惠的经济全球化。

---

①② 中华人民共和国国务院新闻办公室. 共建"一带一路"：构建人类命运共同体的重大实践白皮书［OB/EL］. 中华人民共和国国务院新闻办公室官网，2023 年 10 月 10 日.

③ 中华人民共和国商务部官网。

参 考 文 献

一、中文文献

[1] 艾麦提江·阿布都哈力克，白洋，桌乘风，等．我国"一带一路"基础设施投资效率对经济增长方式转变的空间效应分析 [J]．工业技术经济，2017（3）：131 – 138．

[2] 蔡琦．外商直接投资、资本形成、经济增长关系研究——以东盟为例 [J]．法制与经济，2014（12）：112 – 114．

[3] 蔡锐，刘泉．中国的国际直接投资与贸易是互补的吗? ——基于小岛清"边际产业理论"的实证分析 [J]．世界经济研究，2004（8）：64 – 70．

[4] 才国伟，刘继楠．文化：经济增长的源泉 [J]．中山大学学报（社会科学版），2016（5）：201 – 210．

[5] 柴庆春，胡添雨．中国对外直接投资的贸易效应研究——基于对东盟和欧盟投资的差异性的考察 [J]．世界经济研究，2012（6）：64 – 70．

[6] 陈恩，王方方．中国对外直接投资影响因素的实证分析——基于2007—2009年国际面板数据的考察 [J]．商业经济与管理，2011（8）：43 – 50．

[7] 陈虹，杨成玉．"一带一路"国家战略的国际经济效应研究——基于CGE模型的分析 [J]．国际贸易问题，2015（10）：4 – 13．

[8] 陈后祥．"一带一路"背景下东道国基础设施对我国OFDI趣

味选择影响研究 [D]. 杭州：浙江工商大学，2016.

[9] 陈石清. 对外直接投资与出口贸易：实证比较研究 [J]. 财经理论与实践，2006 (1)：56-61.

[10] 陈胤默，孙乾坤，张晓瑜. 孔子学院促进中国企业对外直接投资吗——基于"一带一路"沿线国家面板数据的分析 [J]. 国际贸易问题，2017 (8)：84-95.

[11] 陈兆源. 东道国政治制度与中国对外直接投资的区位选择 [J]. 世界经济与政治，2016 (11)：129-156.

[12] 成诗跃，许敏. 中国对外直接投资的国内制度评析 [J]. 经济问题探索，2011 (10)：149-154.

[13] 程惠芳. 国际直接投资与开放性内生经济增长 [J]. 经济研究，2002 (10)：71-78.

[14] 池建宇，方英. 中国对外直接投资区位选择的制度约束 [J]. 国际经贸探索，2014 (1)：81-91.

[15] 崔娜，柳春，胡春田. 中国对外直接投资效率、投资风险与东道国制度——来自"一带一路"沿线投资的经验证据 [J]. 山西财经大学学报，2017 (4)：27-38.

[16] 崔日明，黄英婉. "一带一路"沿线国家贸易投资便利化评价指标体系研究 [J]. 国际贸易问题，2016 (9)：153-164.

[17] 崔启东，杨志远. 中国对外直接投资对出口贸易的影响——基于"一带一路"倡议下的实证研究 [J]. 贵州商学院学报，2017 (4)：12-18.

[18] 崔岩，于津平. "一带一路"国家交通基础设施质量与中国货物出口 [J]. 当代财经，2017 (11)：100-109.

[19] 邓富华，胡兵. 制度约束下东道国腐败对中国对外直接投资的影响——基于跨国面板数据的门槛效应检验 [J]. 中国经济问题，2013 (7)：99-108.

[20] 邓明. 制度距离、"示范效应"与中国 OFDI 的区位分布 [J].

国际贸易问题, 2012 (2): 123 - 145.

[21] 邓新明, 许洋. 双边投资协定对中国对外直接投资的影响——基于制度环境门槛效应的分析 [J]. 世界经济研究, 2015 (3): 37 - 55.

[22] 丁广伟, 张磊. 贸易便利化、对外直接投资的出口效应分析 [J]. 干旱区地理, 2017 (9): 112 - 117.

[23] 董楠. 外向型 FDI 能促进母国的对外贸易吗?——基于 69 个国家和地区样本的 GMM 检验 [J]. 华东经济管理, 2014 (6): 163 - 166.

[24] 董会琳, 黄少达. 浅析扩大对外资就业的影响 [J]. 财经科学, 2001 (12): 199 - 201.

[25] 董银果, 吴秀云. 贸易便利化对中国出口的影响——以丝绸之路经济带为例 [J]. 国际商务 (对外经济贸易大学学报), 2017 (2): 26 - 37.

[26] 窦菲菲. 中东欧国家对华贸易: 竞争中的挤出和转移效应 [J]. 国际经济合作, 2010 (1): 39 - 45.

[27] 段景辉, 黄丙志. 贸易便利化水平指标体系研究 [J]. 科学发展, 2011 (7): 46 - 52.

[28] 方晓丽, 朱明侠. 中国及东盟各国贸易便利化程度测算及对出口影响的实证研究 [J]. 国际贸易问题, 2013 (9): 68 - 73.

[29] 方旖旎. "一带一路" 倡议下中国企业对海外直接投资国的风险评估 [J]. 现代经济探讨, 2016 (1): 79 - 83.

[30] 冯敏, 宋彩萍. 运用 "一带一路" 发展中国与中东欧关系对策 [J]. 经济问题, 2016 (1): 26 - 29.

[31] 冯雁秋. 后发优势悖论与中国的技术战略选择 [J]. 世界经济, 2000 (7): 44 - 49.

[32] 冯宗宪, 李刚. "一带一路" 建设与周边区域经济合作推进路径 [J]. 西安交通大学学报 (社会科学版), 2015 (6): 1 - 9.

[33] 冯宗宪, 王珏, 王华. 丝绸之路经济带建设的区域差异化研

究——基于可变交易成本的区域均衡模型 [J]. 西安交通大学学报（社会科学版），2015（3）：6 – 12.

[34] 高铁梅，康书隆. 外商直接投资对中国经济影响的动态分析 [J]. 世界经济，2006（4）：22 – 30.

[35] 高越，任永磊，冯志艳. 贸易便利化与 FDI 对中国出口增长三元边际的影响 [J]. 经济经纬，2014（6）：46 – 51.

[36] 龚静，尹忠明. 铁路建设对我国"一带一路"战略的贸易效应研究——基于运输时间和运输距离视角的异质性随机前沿模型分析 [J]. 国际贸易问题，2016（2）：14 – 25.

[37] 高连延. 外商直接投资对我国经济增长的效应分析 [J]. 沈阳航空工业学院学报，2004（6）：59 – 61.

[38] 顾威."一带一路"沿线国家基础设施状况对中国出口贸易的影响 [D]. 南京：南京大学，2017.

[39] 顾雪松，韩立岩，周伊敏. 产业结构差异与对外直接投资的出口效应——"中国—东道国"视角的理论与实证 [J]. 经济研究，2016（4）：102 – 115.

[40] 郭关科，屈雯."一带一路"倡议下促进中国对东盟国家直接投资的对策建议 [J]. 投资与合作，2020（12）：68 – 69.

[41] 郭宏宇，竺彩华. 中国东盟基础设施互联互通建设面临的问题与对策 [J]. 国际经济合作，2014（8）：26 – 31.

[42] 郭苏文，黄汉民. 制度距离对我国外向 FDI 的影响——基于动态面板模型的实证研究 [J]. 国际经贸探索，2010（11）：21 – 26.

[43] 郭雯. 我国与中东欧国家产业合作问题研究 [J]. 对外经贸，2014（3）：31 – 33.

[44] 郭烨，许陈生. 双边高层会晤与中国在"一带一路"沿线国家的直接投资 [J]. 国际贸易问题，2016（2）：26 – 36.

[45] 韩冬，王述芬. 中国对中亚五国直接投资影响因素的实证研究 [J]. 商业经济研究，2015（4）：75 – 77.

［46］韩民春，江聪聪．政治风险、文化距离和双边关系对中国对外直接投资的影响——基于 "一带一路" 沿线主要国家的研究 ［J］. 贵州财经大学学报，2017（3）：84－91.

［47］韩永辉，邹建华． "一带一路" 背景下的中国与西亚国家贸易合作现状和前景展望 ［J］. 国际贸易，2014（8）：21－28.

［48］贺磊宏，李华轩，李冠．FDI 对长沙经济增长的直接影响——基于索洛模型的实证分析 ［J］. 时代金融，2013（4）：109－110.

［49］贺培，刘叶．FDI 对中国环境污染的影响效应——基于地理距离工具变量的研究 ［J］. 中央财经大学学报，2016（6）：79－86.

［50］何晓琦．1981—2000 年外商直接投资与出口对福建省经济增长影响的实证分析 ［J］. 数理统计与管理，2005（7）：94－99.

［51］洪俊杰，刘辉．丝绸之路经济带视野下与中亚地区贸易往来的中国策 ［J］. 改革，2015（11）：34－42.

［52］洪俊杰，石丽静．自主研发、地区制度差异与企业创新绩效——来自 371 家创新型企业的经验证据 ［J］. 科学学研究，2017（02）：310－320.

［53］胡鞍钢，马伟，鄢一龙． "丝绸之路经济带"：战略内涵、定位和实现路径 ［J］. 新疆师范大学学报（哲学社会科学版），2014（2）：1－11.

［54］胡兵，邓富华，张明．东道国腐败与中国对外直接投资——基于跨国面板数据的实证研究 ［J］. 国际贸易问题，2013（10）：138－148.

［55］胡超．制度环境对不同产业外商直接投资的影响——基于美国海外直接投资的实证研究 ［J］. 云南财经大学学报，2011（1）：62－70.

［56］胡迪锋．发展中国家对外直接投资的贸易效应研究 ［D］. 上海：复旦大学，2008.

[57] 胡立法. 外商直接投资和经济增长：国内金融市场作用的实证分析 [J]. 当代财经，2005（5）：29-33.

[58] 黄先海，余晓. 以"一带一路"建设重塑全球价值链 [J]. 经济学家，2017（3）：32-29.

[59] 扈文秀，孔婷婷. 政府投资对民间投资的影响效应——基于中国经济的实证研究 [J]. 国际金融研究，2014（11）：87-96.

[60] 蒋冠宏，蒋殿春. 中国对发展中国家的投资——东道国制度重要吗？[J]. 管理世界，2012（11）：45-46.

[61] 蒋冠宏，蒋殿春. 中国企业对外直接投资的"出口效应" [J]. 经济研究，2014（5）：160-173.

[62] 蒋冠宏. 制度差异、文化距离与中国企业对外直接投资风险 [J]. 世界经济研究，2015（8）：37-47.

[63] 蒋姮. "一带一路"地缘政治风险的评估与管理 [J]. 国际贸易，2015（8）：21-24.

[64] 贾瑛. 中国对外直接投资与出口贸易结构关系研究——基于逆向技术溢出效应 [J]. 金融经济：理论板，2015（6）：30-32.

[65] 祁春凌，邹超. 东道国制度质量、制度距离与中国的对外直接投资区位 [J]. 当代财经，2013（7）：100-110.

[66] 金戈. 中国基础设施与非基础设施资本存量及其产出弹性估算 [J]. 经济研究，2016（5）：41-56.

[67] 金云亮，韦淋元. 技术创新与制度创新是经济增长的源泉——技术变迁与制度变迁对经济增长影响的综述 [J]. 科技经济市场，2008（3）：45-46.

[68] 冀相豹. 中国对外直接投资影响因素分析——基于制度的视角 [J]. 国际贸易问题，2014（9）：98-108.

[69] 姜东升，楼海淼，韩琳. 外商直接投资对于福建经济增长的影响分析 [J]. 统计与信息论坛，2005（3）：92-95.

[70] 姜浩. 金融发展、经济开放与对外直接投资的关系研究 [J].

中央财经大学学报, 2014 (11): 13 - 22.

[71] 江小涓. 跨国投资、市场结构和外商投资企业的竞争行为 [J]. 经济研究, 2002 (9): 31 - 38.

[72] 江小涓. 中国的外资经济对增长、结构升级和竞争力的贡献 [J]. 中国社会科学, 2002 (11): 4 - 14.

[73] 鞠维伟. 美国与中东欧国家的贸易投资关系现状及对中国的启示 [J]. 欧亚经济, 2015 (6): 54 - 67, 124.

[74] 孔庆峰, 董红蔚. "一带一路" 国际的贸易便利化水平测算与贸易潜力研究 [J]. 国际贸易问题, 2015 (12): 158 - 168.

[75] 赖晓飞. FDI 对我国经济增长影响的现状分析 [J]. 玉溪师范学院学报, 2005 (10): 3.

[76] 李玲, 陶峰. 中国制造业最优环境规制强度的选择——基于绿色全要素生产率的视角 [J]. 中国工业经济, 2012 (5): 70 - 82.

[77] 李金昌, 曾慧. 基于金融市场发展的 FDI 溢出与经济增长关系: 省际面板数据研究 [J]. 统计研究, 2009 (3): 30 - 37.

[78] 李京晓. 中国企业对外直接投资的母国宏观经济效应研究 [D]. 天津: 南开大学, 2013.

[79] 李坤. 中国对 "一带一路" 国家直接投资的产业选择研究 [D]. 武汉: 湖北大学, 2016.

[80] 李磊, 郑绍阳. 议中国对外直接投资是否为资源寻求型 [J]. 国际贸易问题, 2012 (2): 146 - 157.

[81] 李猛, 于津平. 东道国区位优势与中国对外直接投资的相关性研究——基于动态面板数据广义数据估计分析 [J]. 世界经济研究, 2011 (6): 63 - 67.

[82] 李文韬. APEC 贸易投资便利化合作进展评估与中国的策略选择 [J]. 亚太经济, 2011 (4): 13 - 17.

[83] 李兴, 成志杰. 中俄印——亚欧金砖国家是推动丝绸之路经济带建设的关键力量 [J]. 人文杂志, 2015 (1): 28 - 35.

[84] 李永辉. 对20世纪90年代以来美国经济增长中金融体系作用的分析与思考——基于内生增长理论的研究 [J]. 世界经济研究, 2008 (11): 54-59.

[85] 李湘纯. "东盟"吸引外国直接投资的决定因素研究——基于经济视角和制度视角 [D]. 北京: 对外经济贸易大学, 2015.

[86] 李晓, 李俊久. "一带一路"与中国地缘政治经济战略的重构 [J]. 世界经济与政治, 2015 (10): 30-59.

[87] 李晓敏, 李春梅. 东道国制度质量对中国对外直接投资的影响——基于"一带一路"沿线国家的实证研究 [J]. 东南学术, 2017 (3): 119-126.

[88] 李悦, 杨殿中. 中国对中亚五国直接投资的现状、存在的问题及对策建议 [J]. 经济研究参考, 2014 (11): 62-75.

[89] 李强, 郑江淮. 基础设施投资真的能促进经济增长吗？——基于基础设施投资"挤出效应"的实证分析 [J]. 产业经济研究, 2012 (3): 50-58.

[90] 李玉娟. "一带一路"战略下中国文化产业对外发展研究 [J]. 改革与战略, 2017 (5): 67-69.

[91] 李正彪, 杨青, 王焱. 基础设施建设对经济增长的促进作用研究——以云南省为例 [J]. 经济问题探索, 2012 (8): 28-32.

[92] 梁琦, 吴新生. "一带一路"沿线国家双边贸易影响因素研究——基于拓展引力方程的实证检验 [J]. 经济学家, 2016 (12): 69-77.

[93] 连大祥. 孔子学院对中国出口贸易及对外直接投资的影响 [J]. 中国人民大学学报, 2012 (1): 88-98.

[94] 梁双陆, 张梅. 基础设施互联互通对我国与周边国家贸易边界效应的影响 [J]. 亚太经济, 2016 (1): 101-106.

[95] 梁泳梅, 董敏杰. 中国经济增长来源: 基于非参数核算方法的分析 [J]. 世界经济, 2015 (11): 29-52.

［96］梁莹莹. 中国对外直接投资决定因素与战略研究［D］. 天津：南开大学，2014.

［97］廖萌. "一带一路" 建设背景下我国企业 "走出去" 的机遇与挑战［J］. 经济纵横，2015（9）：30－33.

［98］刘国玉. "一带一路" 基础设施投资效率与经济增长方式转变分析［J］. 中国国际财经（中英文），2017（3）：204－205.

［99］刘海平，宋一弘，魏玮. 要素禀赋、制度特征与 FDI 流动——基于投资引力模型的实证分析［J］. 国际商务，2014（4）：44－52.

［100］刘洪铎，曹翔，李文宇. 双边贸易成本与对外直接投资：抑制还是促进？——基于中国的经验证据［J］. 农业经济研究，2016（2）：96－108.

［101］刘辉. "一带一路" 两种建设方案的模拟分析［D］. 北京：对外经济贸易大学，2016.

［102］刘华芹，李钢. 建设丝绸之路经济带的总体战略与基本架构［J］. 国际贸易，2014（3）：4－9.

［103］刘学之，徐流美. 外商直接投资对中国经济增长贡献的实证分析［J］. 学术论坛，2005（7）：67－69.

［104］刘瑶，丁妍. 中国 ICT 产品的出口增长是否实现了以质取胜——基于三元分解及引力模型的实证研究［J］. 中国工业经济，2015（1）：52－64.

［105］刘宇，吕郕康，全水萍. "一带一路" 战略下贸易便利化的经济影响——以中哈贸易为例的 GTAP 模型研究［J］. 经济评论，2016（6）：70－83.

［106］刘晶. 人力资本结构、FDI 与区域经济增长——中国面板数据的计量检验与实证分析［J］. 技术与创新管理，2011（11）：613－616.

［107］刘晶，朱彩虹. 制度距离与南方国家对外直接投资区位选择——跨国实证分析［J］. 投资研究，2012（10）：51－67.

［108］刘敏，刘金山，李雨培.母国投资动机、东道国制度与企业对外直接投资区位选择［J］.经济问题探索，2016（8）：100－112.

［109］刘玉博，吴万宗.中国OFDI与东道国环境质量：影响机制与实证检验［J］.财贸经济，2017（1）：99－114.

［110］刘雨宁.外商直接投资的生态环境效应——基于省际面板数据的实证分析［J］.浙江金融，2014（4）：75－79.

［111］刘育红."新丝绸之路"经济带交通基础设施投资与经济增长的动态关系分析［J］.统计与信息论坛，2012（10）：64－70.

［112］刘育红，王曦."新丝绸之路"经济带交通基础设施与区域经济一体化——基于引力模型的实证研究［J］.西安交通大学学报（社会科学版），2014（11）：43－48.

［113］刘志强.制度对中国对外直接投资的理论与实证——企业异质性及区域制度环境异质性视角［D］.北京：对外经济贸易大学，2014.

［114］刘卓麟.FDI的经济增长效应及其影响因素研究——以"一带一路"沿线国家为样本［J］.广东外语外贸大学学报，2016.

［115］卢峰."一带一路"的经济逻辑［J］.新金融，2015（7）：82－85.

［116］骆永民.基础设施投资效率的空间溢出与门限效应研究［J］.统计与信息论坛，2011（3）：81－86.

［117］马学礼."一带一路"倡议的规则型风险研究［J］.亚太经济，2015（6）：3－8.

［118］马岩."一带一路"国家主要特点及发展前景展望［J］.国际经济合作，2015（5）：28－33.

［119］孟祺.基于"一带一路"的制造业全球价值链构建［J］.财经科学，2016（2）：72－81.

［120］孟庆强.中国对"一带一路"沿线国家直接投资动机的实证研究［J］.工业经济论坛，2016（3）：136－144.

［121］毛艳华，杨思维.21世纪海上丝绸之路贸易便利化合作与能

力建设 [J]. 国际经贸探索, 2015 (4): 101 - 112.

[122] 苗莉青, 陈聪. 孔子学院对我国高等教育出口的影响——基于主要国家面板数据的实证研究 [J]. 国际商务, 2015 (6): 27 - 35.

[123] 聂爱云, 陆长平. 制度质量与FDI的产业增长效应——基于中国省级面板数据的实证研究 [J]. 世界经济研究, 2014 (4): 80 - 86.

[124] 倪超军, 马雪琴. 金融发展 "一带一路" 沿线国家的交通基础设施、空间溢出与经济增长 [J]. 新疆农垦经济, 2017 (3): 34 - 41.

[125] 聂名华, 徐英杰. 对外直接投资、金融发展与经济增长 [J]. 财经问题研究, 2016 (12): 13 - 20.

[126] 潘雄锋, 闫窈博, 王冠. 对外直接投资、技术创新与经济增长的传导路径研究 [J]. 统计研究, 2016 (8): 30 - 36.

[127] 潘镇, 金中坤. 双边政治关系、东道国制度风险与中国对外直接投资 [J]. 财贸经济, 2015 (6): 85 - 97.

[128] 裴长洪, 于燕. "一带一路" 建设与我国扩大开放 [J]. 国际经贸探索, 2015 (10): 4 - 17.

[129] 彭海珍, 任荣明. 外国直接投资和 "污染天堂" 假说 [J]. 探索与争鸣, 2003 (5): 37 - 39.

[130] 邱强, 于利蓉. 东道国数字经济与中国OFDI对 "一带一路" 沿线国家产业结构优化的影响研究 [J]. 东华理工大学学报 (社会科学版), 2022 (12): 520 - 531.

[131] 任晓洁. 浅析对华外商直接投资的决定因素 [J]. 经济研究导刊, 2014 (3): 249 - 250.

[132] 邵军, 徐康宁. 制度质量、外资进入与增长效应: 一个跨国的经验研究 [J]. 世界经济, 2008 (7): 3 - 14.

[133] 宋弘威, 李平. 中国对外直接投资与经济增长的实证研究 [J]. 学术交流, 2008 (6): 63 - 68.

[134] 盛宁. 文化交流对我国双边投资的影响——基于孔子学院数据的研究 [D]. 蚌埠: 安徽财经大学, 2016.

［135］石丽静. 研发强度与企业穿心绩效——政府资源与知识产权保护的调节作用［J］. 经济与管理评论，2017（11）：144－152.

［136］沈坤荣，耿强. 外商直接投资、技术溢出与内生经济增长——中国数据的计量检验与实证分析［J］. 中国社会科学，2001（9）：82－93.

［137］申韬，蒙飘飘. 对外直接投资、金融发展与双边金融合作——基于中国与"一带一路"沿线国家的研究［J］. 金融与经济，2021（1）：62－70.

［138］宋亚非. 经济全球化中企业生产方式的转换［J］. 财经问题研究，2003（5）：57－60.

［139］隋广军，黄亮雄，黄兴. 中国对外直接投资、基础设施建设与"一带一路"沿线国家经济增长［J］. 广东财经大学学报，2017（1）：32－43.

［140］孙乾坤. 中国对"一带一路"国家直接投资的区位选择研究［D］. 北京：对外经济贸易大学，2017.

［141］孙早，杨光，李康. 基础设施投资对经济增长的贡献：存在拐点吗——来自中国的经验证据［J］. 财经科学，2014（6）：75－84.

［142］孙林，倪卡卡. 东盟贸易便利化对中国农产品出口影响及国际比较——基于面板数据模型的实证分析［J］. 国际贸易问题，2013（4）：139－147.

［143］孙林，徐旭霏. 东盟贸易便利化对中国制造业产品出口影响的实证分析［J］. 国际贸易问题，2011（8）：101－109.

［144］孙建中. 发展中国家与发达国家在国家主权原则上的十大分歧［J］. 解放军外国语学院学报，2000（5）：109－114.

［145］谭畅. "一带一路"战略下中国企业海外投资风险及对策［J］. 中国流通经济，2015（7）：114－118.

［146］谭晶荣，华曦. 贸易便利化对中国农产品出口的影响研究——基于丝绸之路沿线国家的实证分析［J］. 国际贸易问题，2016

（5）：39－49.

[147] 覃兰静，肖月，赵宏. FDI 与天津经济增长关系研究——基于索洛模型的实证检验 [J]. 现代商业，2012（11）：165－166.

[148] 唐娟莉. "一带一路" 战略下基础设施建设与经济增长的互动效应分析 [J]. 统计与决策，2017（8）：134－137.

[149] 汤敏. "一带一路" 战略呼唤 "大国心态" [J]. 中国发展观察，2015（1）：47－49.

[150] 田颖聪. "一带一路" 沿线国家生态环境保护 [J]. 经济研究参考，2017（15）：104－120.

[151] 王成岐，张建华，安辉. 外商直接投资、地区差异与中国经济增长 [J]. 世界经济，2002（5）：15－23.

[152] 王峰，罗志鹏. 东盟基础设施的潜在需求及中国的投资策略 [J]. 深圳大学学报（人文社会科学版），2012（7）：103－108.

[153] 王根蓓. 区位优势及双边贸易－文化－政治关联度与中国对外直接投资——基于引力模型与流量面板数据的实证分析 [J]. 经济与管理研究，2013（4）：36－44.

[154] 王凡一. "一带一路" 战略下我国对外投资的前景与风险防范 [J]. 经济纵横，2016（7）：33－36.

[155] 汪洁，全毅. 21 世纪海上丝绸之路贸易便利化研究 [J]. 国际商务（对外经济贸易大学学报），2015（6）：36－46.

[156] 王继源，陈璋，龙少波. "一带一路" 基础设施投资对我国经济拉动作用的实证分析——基于多部门投入产出视角 [J]. 江西财经大学学报，2016（2）：11－19.

[157] 王海军. 政治风险与中国企业对外直接投资——基于东道国与母国两个维度的实证分析 [J]. 财贸研究，2012（1）：110－116.

[158] 王建，张宏. 东道国政府治理与中国对外直接投资关系研究——基于东道国面板数据的实证分析 [J]. 亚太经济，2011（7）：127－132.

［159］王胜，田涛，谢润德．中国对外直接投资的贸易效应研究
［J］．世界经济研究，2014（1）：80－86．

［160］王冠凤，郭羽诞．上海自贸区贸易便利化和贸易自由化研究
［J］．现代经济探讨，2014（2）：28－32．

［161］王美昌，徐康宁．"一带一路"国家双边贸易与中国经济增
长的动态关系——基于空间交互作用视角［J］．世界经济研究，2016
（2）：101－110，137．

［162］王敏，黄滢．中国的环境污染与经济增长［J］．经济学（季
刊），2015（1）：557－578．

［163］王恕立，向姣姣．制度质量、投资动机与中国对外直接投资
的区位选择［J］．财经研究，2015（5）：134－144．

［164］王爽，张曙宵．中国文化贸易与经济增长关系的实证研究
［J］．经济经纬，2014（7）：56－61．

［165］王晓东，邓丹萱，赵忠秀．交通基础设施对经济增长的影
响——基于省际面板数据与 Feder 模型的实证检验［J］．管理世界，
2014（4）：173－174．

［166］王玉婧，张宏武．贸易便利化的正面效应及对环境的双重影
响［J］．现代财经（天津财经大学学报），2007（3）：72－76．

［167］王方方，扶涛．中国对外直接投资的贸易因素——基于出口
引致与出口平台的双重考察［J］．财经研究，2013（394）：90－100．

［168］王琰，蒋先玲．金融发展制约 FDI 溢出效应的实证分析
［J］．国际贸易问题，2011（5）：138－148．

［169］王英，周蕾．我国对外直接投资的产业结构升级效应——基
于省际面板数据的实证研究［J］．中国地质大学学报，2013（12）：
119－124．

［170］王永齐．FDI 溢出、金融市场与经济增长［J］．数量经济技
术经济研究，2006（1）：59－68．

［171］王志鹏，李子奈．外商直接投资、外溢效应和内生经济增长

[J]. 世界经济文汇, 2004 (6): 23 – 33.

[172] 汪琦. 对外直接投资对投资国的产业结构调整效应及其传导机制 [J]. 国际贸易问题, 2004 (5): 73 – 77.

[173] 汪文卿, 赵忠秀. 中非合作对撒哈拉以南非洲国家经济增长的影响——贸易、直接投资与援助作用的实证分析 [J]. 国际贸易问题, 2014 (12): 68 – 79.

[174] 吴彬, 黄韬. 二阶段理论: 外商直接投资新的分析模型 [J]. 经济研究, 1997 (7): 25 – 31.

[175] 魏巧琴, 杨大楷. 对外直接投资与经济增长的关系研究 [J]. 数量经济技术经济研究, 2003 (1): 93 – 97.

[176] 魏昀妍, 樊秀峰. "一带一路" 背景下中国出口三元边际特征及其影响因素分析 [J]. 国际贸易问题, 2017 (6): 166 – 176.

[177] 伍文中. 基础设施投资效率及其经济效应分析——基于 DEA 分析 [J]. 经济问题, 2011 (1): 41 – 45.

[178] 吴勇毅. "一带一路" 为软件信息产业带来重大机遇 [J]. 通信世界, 2015 (3): 26 – 27.

[179] 王洪涛. 文化差异是影响中国创意产品出口的阻碍因素吗——基于中国创意产品出口 35 个国家和地区的面板数据检验 [J]. 国际经贸探索, 2014 (10): 51 – 62.

[180] 王永钦, 杜巨澜, 王凯. 中国对外直接投资区位选择的决定因素: 制度、税负和资源禀赋 [J]. 经济研究, 2014 (12): 126 – 142.

[181] 王志民. "一带一路" 背景下中哈产能合作及其溢出效应 [J]. 东北亚论坛, 2017 (1): 41 – 52.

[182] 文淑惠, 张诣博. 金融发展、FDI 溢出与经济增长效率: 基于 "一带一路" 沿线国家的实证研究 [J]. 世界经济研究, 2020 (11): 87 – 102.

[183] 项本武. 对外直接投资的贸易效应研究——基于中国经验的实证分析 [J]. 中南财经政法大学学报, 2006 (5): 9 – 15.

［184］肖浩，孔爱国．融资融券对股价特质性波动的影响机理研究：基于双重差分模型的检验［J］．管理世界，2014（8）：30－43．

［185］冼国明，杨锐．技术累积、竞争策略与发展中国家对外直接投资［J］．经济研究，1998（11）：57－64．

［186］谢娟娟，岳静．贸易便利化对中国—东盟贸易影响的实证分析［J］．世界经济研究，2011（8）：81－86，89．

［187］谢孟军．文化能否引致出口："一带一路"的经验数据［J］．国际贸易问题，2016（1）：3－13．

［188］谢孟军．文化"走出去"的投资效应研究：全球1326所孔子学院的数据［J］．国际贸易问题，2017（1）：39－49．

［189］谢孟军．清廉政府的外资引力效应研究［J］．世界经济研究，2016（4）：42－50．

［190］谢孟军．政治风险对中国对外直接投资的区位选择影响研究［J］．国际经贸探索，2015（9）：66－80．

［191］邢凯旋．丝绸之路经济带：中国——中东欧合作［J］．开放导报，2014（4）：36－39．

［192］熊俊．经济增长因素分析模型——对索洛模型的一个扩展［J］．数量经济技术经济研究，2005（8）：25－34．

［193］熊园．一带一路：人民币国家化的新引擎［J］．杭州金融研究学院学报，2014（12）：43－44．

［194］许陈生，王永红．孔子学院对中国对外直接投资的影响［J］．国际商务（对外经济贸易大学学报），2016（3）：58－68．

［195］许娇，陈坤铭，杨书菲，等．"一带一路"交通基础设施建设的国际经贸效应［J］．亚太经济，2016（3）：3－11．

［196］徐沛然．东道国环境规制对中国OFDI的影响研究［D］．杭州：浙江工商大学，2016．

［197］闫大颖．中国企业对外直接投资的区位选择及其决定因素［J］．国际贸易问题，2013（7）：128－135．

[198] 严复雷. 国际知名家电企业海外营销策略对我国家家电企业的启示 [J]. 特区经济, 2008 (4): 281 - 282.

[199] 闫付美. 东道国吸收能力与 FDI 溢出效应关系在中国的经验分析 [D]. 济南: 山东大学, 2007.

[200] 杨宏恩, 孟庆强, 王晶, 等. 双边投资协定对中国对外直接投资的影响: 基于投资协定异质性的视角 [J]. 管理世界, 2016 (4): 24 - 36.

[201] 杨娇辉, 王伟, 谭娜. 破解中国对外直接投资区位分布的 "制度风险偏好" 之谜 [J]. 世界经济, 2016 (11): 3 - 27.

[202] 杨娇辉, 王伟, 王曦. 我国对外直接投资区位分布的风险偏好: 悖论还是假象 [J]. 国际贸易问题, 2015 (5): 133 - 144.

[203] 杨军, 黄洁, 洪俊杰, 等. 贸易便利化对中国经济影响分析 [J]. 国际贸易问题, 2015 (9): 156 - 166.

[204] 杨成玉. 中国对外直接投资对出口技术复杂度的影响——基于 "一带一路" 视角 [J]. 南京财经大学学报, 2017 (6): 6 - 16.

[205] 杨杰. 中国对外直接投资动因研究——基于全球生产网络的视角 [D]. 北京: 对外经济贸易大学, 2016.

[206] 姚铃. 中国与中东欧国家经贸合作现状及发展前景研究 [J]. 国际贸易, 2016 (3): 46 - 53.

[207] 叶德珠, 师树兴. 文化与经济增长 [J]. 暨南学报, 2016 (1): 4 - 83.

[208] 叶建平, 申峻喜, 胡潇. 中国 OFDI 逆向技术溢出的区域异质性与动态门限效应 [J]. 世界经济研究, 2014 (10): 66 - 72.

[209] 于津平, 顾威. "一带一路" 建设的利益、风险与策略 [J]. 南开学报 (哲学社会科学版), 2016 (1): 65 - 70.

[210] 俞佳根. 中国对外直接投资的产业结构升级效应研究 [D]. 沈阳: 辽宁大学, 2016.

[211] 余莹. 中国对外基础设施投资模式与政治风险管控——基于

"一带一路"地缘政治的视角 [J]. 经济问题，2015（12）：8－14.

[212] 余泳泽. 改革开放以来中国经济增长动力转换的时空特征 [J]. 数量经济技术经济研究，2015（2）：19－34.

[213] 岳侠，钱晓萍. 中亚五国投资环境比较研究：中国的视角 [J]. 亚太经济，2015（2）：73－78.

[214] 岳咬兴，范涛. 制度环境与中国对亚洲直接投资区位分布 [J]. 财贸经济，2014（6）：69－78.

[215] 臧新，林竹，邵军. 文化亲近、经济发展与文化产品的出口——基于中国文化产品出口的实证研究 [J]. 财贸经济，2013（10）：102－110.

[216] 曾慧. FDI 与中国经济增长 [D]. 杭州：浙江工商大学，2009.

[217] 曾铮，周茜. 贸易便利化测评体系及对我国出口的影响 [J]. 国际经贸探索，2008（10）：4－9.

[218] 詹峰，田俊刚，朱晖. 我国经济增长因素的实证研究 [J]. 统计与信息论坛，2003（5）：61－63.

[219] 张春萍. 中国对外直接投资的贸易效应研究 [J]. 数量经济技术经济研究，2012（6）：74－85.

[220] 张会清，唐海燕. 中国与"一带一路"沿线地区的贸易联系问题研究——基于贸易强度制度模型的分析 [J]. 国际经贸探索，2017（3）：27－40.

[221] 张会清. 中国与"一带一路"沿线地区的贸易潜力研究 [J]. 国际贸易问题，2017（7）：85－95.

[222] 张莉. "金砖四国" FDI 资本挤出挤入效应研究 [J]. 世界经济与政治论坛，2012（3）：27－40.

[223] 张娟，雷辉，王云飞，等. "一带一路"沿线国家的交通基础设施投资效率的比较 [J]. 统计与决策，2016（10）：61－63.

[224] 张纪凤，黄萍. 替代出口还是促进出口——我国对外直接投

资对出口的影响研究 [J], 国际贸易问题, 2013 (3): 95 – 103.

[225] 张建平, 樊子嫣. "一带一路"国家贸易投资便利化状况及相关措施需求 [J]. 国家行政学院学报, 2016 (1): 23 – 29.

[226] 张如庆. 我国对外直接投资区域选择分析 [J]. 国际贸易问题, 2005 (3): 106 – 110.

[227] 张越彪. 外商直接投资就业数量效应的研究综述 [J]. 中外企业家, 2009 (5): 96 – 97.

[228] 张晓静. 亚太区域合作深度一体化与生产网络的关联性 [J]. 亚太经济, 2015 (1): 3 – 8.

[229] 张晓静, 李梁. "一带一路"与中国出口贸易: 基于贸易便利化视角 [J]. 亚太经济, 2015 (3): 21 – 27.

[230] 张学良. 中国交通基础设施促进了区域经济增长吗——兼论交通基础设施的空间溢出效应 [J]. 中国社会科学, 2012 (3): 60 – 77.

[231] 张亚斌, 刘俊, 李城霖. 丝绸之路经济带贸易便利化测度及中国贸易潜力 [J]. 财经科学, 2016 (5): 112 – 122.

[232] 张中元. 东道国制度质量、双边投资协定与中国对外直接投资——基于面板门限回归模型 (PTR) 的实证分析 [J]. 南方经济, 2013 (4): 49 – 62.

[233] 张媛. OFDI 与母国经济增长效应——基于东盟四国的动态面板分析 [J]. 广西财经学院学报, 2018 (12): 60 – 69.

[234] 郑蕾, 刘志高. 中国对"一带一路"沿线直接投资空间格局 [J]. 地理科学进展, 2015 (5): 563 – 570.

[235] 郑世林, 周黎安, 何维达. 电信基础设施与中国经济增长 [J]. 经济研究, 2014 (5): 77 – 90.

[236] 祝继高. "一带一路"海外投资: 经验、风险与展望 [J]. 智库理论与实践, 2023 (8): 20 – 25.

[237] 庄起善, 李卢霞. FDI 对转型国家经济增长影响的实证分析——基于中东欧 11 国和独联体 7 国面板数据的检验 [J]. 复旦学报,

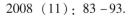

2008 (11): 83 –93.

[238] 周茜. 环境与经济增长的动态均衡分析——基于环境索洛模型 [J]. 经济问题探索, 2014 (11): 21 –27.

[239] 宗芳宇, 路江涌, 武常岐. 双边投资协定、制度环境和企业对外直接投资区位选择 [J]. 经济研究, 2012 (5): 71 –82.

二、英文文献

[240] Abramovitz, M. Catching Up, Forging Ahead, and Falling Behind [J]. Journal of Econmoic History, 1986, 46 (4): 386 –406.

[241] Adam Smith, An Inquiry into the Nature and Causes of The Wealth of Nations. Random House, Inc. 1776.

[242] A. E. Jasay. The Social Choice Between Home and Overseas Investment [J]. The Economic Journal, 1960, 70 (277): 105 –113.

[243] Aizenman, J. and M. M. Spiegel, "Institutional Efficiency Monitoring Costs, and the Investment Share of FDI" [J]. Review of International Economics, 2006, 14 (4): 683 –697.

[244] Aleksynska, M. , and O. Havrylchyk, "FDI from the South: The Role of Institutional Distance and Natural Resources" [J]. European Journal of Political Economy, 2012, 29 (2): 38 –53.

[245] Alessia Amighini, Roberta Rabellotti, Marco Sanfilippo. China's Outward FDI: An Industry-level Analysis of Host Country Determinants. CESifo Working Paper Series 3688, CESifo.

[246] Alfaro, L. , Chanda, A. , Kalemli – Ozcan, S. , & Sayek, S. . "FDI and economic growth: the role of local financial markets" [J]. Journal of international economics, 2003, 64 (1): 89 –112.

[247] Amit, R. , and P. J. Schoemaker. Strategic Assets and Organizational Rent [J]. Strategic Management Journal, 1993, 14 (1): 33 –46.

[248] Amitabh Chandra and Eric Thompson. Does public infrastructure

affect economic activity? Evidence from the rural interstate highway system [J]. Regional Science and Urban Economics, 2000, 30 (4): 457 – 490.

[249] Andersson, T. , and R. Swensson. Entry Modes for Direct Investment Determined by the Composition of Firm-specific Skills [J]. Scandinavian Journal of Economics, 1996, 96 (4): 551 – 560.

[250] Andreas Savvides and Marios Zachariadis. International Technology Diffusion and the Growth of TFP in the Manufacturing Sector of Developing Economies [J]. Review of Development Economics, 2005, 9 (4): 482 – 501.

[251] Ang, J. B. Financial development and the FDI growth nexus: the Malaysian Experience [J]. Applied Economics, 2009, 41 (13): 1595 – 1601.

[252] Anna Maria Falzoni, Mara Graeeeni. Home Country Effects of Investing Abroad: Evidence From Quantile Regressions [J]. NBER Working Paper, No. 170, 2005.

[253] Aschauer D A. Is Public Expenditure Productive? [J]. Journal of Monetary Economics, 1989, 23 (2): 177 – 200.

[254] Aseem Prakash & Matthew Potoski. Collective Action Through Voluntary Environmental Programs: A Club Theory Perspective [J]. Policy Studies Journal, 2007, 35 (4): 773 – 792.

[255] Avner Greif and Guido Tabellini. The clan and the corporation: Sustaining cooperation in China and Europe [J]. Journal of Comparative Economics, 2011, 45 (1): 1 – 35.

[256] Azman – Saini, W. N. W. , Law, S. H. , & Ahmad, A. H. . FDI and economic growth: New evidence on the role of financial markets [J]. Economics letters, 2010, 107 (2): 211 – 213.

[257] Bala Ramasamy Sylvie Laforet Matthew Yeung. China's outward foreign direct investment: Location choice and firm ownership [J]. Journal of World Business, 2012, 47 (1): 17 – 25.

[258] Barry, F. , Kearney C. MNEs and Industrial Structure in Host

Countries: a Analysis of Irish Manufacturing [J]. Journal of International Business Studies, 2006, 37 (3): 392 - 406.

[259] Bellos, S., Subasat T.. Corruption and Foreign Direct Investment: A Panel Gravity Model Approach [J]. Bulletin of Economic Research, 2011.

[260] Bitzer, J. and M. Kerekes. Does Foreign Direct Investment transfer Technology across Borders? New Evidence [J]. Economics Letters, 2008, 100 (3): 355 - 358.

[261] B. Liang, J. Lehmann. Black Carbon Increases Cation Exchange Capacity in Soils [J]. Soil Science Society of America Journal, 2006, 70 (5): 1719 - 1730.

[262] Blalsubramanyama, V. N., Salisua, M., Sapsforda, D.. Foreign Direct Investment as an Engine of Growth [J]. The Journal of International Trade & Economic Development, 1999, 8 (1): 27 - 40. ·

[263] Blomstrom, Host Country Benefits of Foreign Investment. No 3615, NBER Working Papers from National Bureau of Economic Research, Inc.

[264] Blomstrom M, Kokko A. Home country effect of foreign direct investment: evidence from Sweden. NBER Working Paper, No. 4639, 1994.

[265] Blonigen, B. A.. A Review of the Empirical Literature on FDI Determinants [J]. Atlantic Economic Journal, 2005, 33 (4): 383 - 403.

[266] Boisot M., Meyer M.. Which Way through the Open Door? — Reflections on the Internationalization of Chinese Firms[J]. Management and Organization Review, 2008, 14 (3): 349 - 365.

[267] Borensztein, E., De Gregorio, J., & Lee, J. W. How does foreign direct investment affect economic growth? [J]. Journal of international Economics, 1998, 45 (1): 115 - 135.

[268] Brada, Josef C., Drabek, Zdenek and Perez, Marcos Fabri-

cio. The Effect of Home – Country and Host – Country Corruption on Foreign Direct Investment [J]. Review of Development Economics, 2012, 16 (4): 640 – 663.

[269] Branstetter, L. Is Foreign Direct Investment a Channel of Knowledge Spillovers? Evidence from Japan's FDI in the United States [J]. Journal of International Economics, 2006, 68 (2): 326 – 344.

[270] Buckley P. J. , L. J. Clegg, A. R. Cross, X. Liu, H. Voss and P. Zheng. The determinants of Chinese outward foreign direct investment [J]. Journal of International Business Studies, 2007, (38): 499 – 518.

[271] Busse, M. , J. Kniger, and P. Nunnenkamp. FDI Promotion through Bilateral Investment Treaties: More Than A Bit [J]. Review of World Economics, 2010, 146: 147 – 177.

[272] Buthe, T. and H. V. Milner. The Politics of Foreign Direct Investment into Developing Countries: Increasing FDI through International Trade Agreements? [J]. American Journal of Political Science, 2008, 52 (4): 741 – 762.

[273] Carkovic, M. and Levine, R. . Does Foreign Direct Investment Accelerate Economic Growth, in Institute for International Economics [J]. Modern Economy, 2000, 9 (3) .

[274] Carson, R. T. . The Environmrntal Kuznets Curve: Seeking Empirical Regularity and The oretical Structure [J]. Review of Environmental Economics and Policy, 2010, 4 (1): 3 – 33.

[275] Caves, R. E. Multinational Enterprise and Economic Analysis. 2nd Edition, Cambridge University Press, Cambridge, New York and Melbourne, 1996.

[276] Cazzavillan G. Public Spending, Endogenous Growth and Endogenous Fluctuations [R]. Working Paper, University of Venice, 1993.

[277] Cem Nalbantoglu. One Belt One Road Initiative: New Route on

China's Change of Course to Growth [J]. Open Journal of Social Sciences, 2017 (5): 87 – 99.

[278] Charles P. Kindleberger. Monopolistic Theory of Direct Foreign Investmnet [J]. In International Political Economy, 1975.

[279] Charles Jones. R & D – Based Models of Economic Growth [J]. Journal of Political Economy, 1995, 103 (4): 759 – 784.

[280] Chenery, B. H. , Strout, M. A. Foreigen Assistance and Economic Development [J]. American Economic Review, 1996, 56 (4): 679 – 733.

[281] Cohen, W. M. and Levinthal, D. A. A New Perspective on Learning and Innovation. Administrative Science Quarterly—Special Issue: Technology, Organizations, and Innovation [J]. American Journal of Industrial and Business Management, 1990 (35): 128 – 152.

[282] Cozzi, L. and Fogliata – Cozzi, A. A Study of Feasibility and Impact on Action Levels of an in Vivo Dosimetry Program during Breast Cancer Irradiation [J]. Radiotherapy & Oncology, 1998, 47 (3): 29 – 36.

[283] Damijan, J. P. , Knell, M. , Majcen, B. , Rojec, M. the Role of FDI, R&D Accumulation and Trade in Transferring Technology to Transition Countries: Evidence from Firm Panel Data for Eight Transition Countrise Economic Systems, 2003, 27 (2): 189 – 204.

[284] Dani Rodrik, Arvind Subramanian and Francesco Trebbi. Institutions Rule: The Primacy of Institutions Over Geography and Integration in Economic Development [J]. Journal of Economic Growth, 2004, 9 (2): 165.

[285] David Dollar and Aart Kraay. Institutions, trade, and growth [J]. Journal of Monetary Economics, 2003, 50 (1): 133 – 162.

[286] Deng, Ping. Why Do Chinese Firms Tend to Acquire Strategic Assets in International Expansion [J]. Journal of World Business, 2009, 44

(1): 74 - 84.

[287] Dierk Herzer. Outward FDI and economic growth [J]. Journal of Economic Studies, 2010, 37 (5): 476 - 494.

[288] Dunning J. H. Relational Assets, Networks and International Business Activities Contractor F. J. Lorange P. Cooperative Strategies and Alliances. Pegamon: Amsterdam, 2002: 569 - 593.

[289] Durham, J. B. Absorptive Capacity and the Effects of Foreign Direct Investment and Equity Foreign Portfolio Investment on Economic Growth. European Economic Review, 2004 (48): 285 - 306.

[290] E. Borensztein, Jose De Gregorio and Jong - Wha Lee. How does foreign direct investment affect economic growth? [J]. Journal of International Economics, 1998, 45 (1): 115 - 135.

[291] Egger, P. and M. Pfaffermayr. The Impact of Bilateral Investment Treaties on Foreign Direct Investment [J]. Journal of Comparative Economics, 2004, 32 (4): 788 - 804.

[292] Egger, P. and V. Merlo. The Impact of Bilateral Investment Treaties on FDI Dynamics [J]. World Economy, 2007.

[293] Elhanan Helpman. A Simple Theory of International Trade with Multinational Corporations [J]. Journal of Political Economy, 1984, 92 (3): 451 - 471.

[294] Eric Hanushek. The Trade - Off between Child Quantity and Quality [J]. Journal of Political Economy, 1992, 100 (1): 84 - 117.

[295] Fry, M. J. How Foreign Direct Investment Improves the Current Account in Pacific Basin Econmoies [J]. Journal of Asian Economics, 1996, 7 (3): 459 - 486.

[296] Gavin Camerona, James Proudmanb, Stephen Redding. Technological convergence, R&D, trade and productivity growth [J]. European Economic Review, 2005 (4): 775 - 807.

［297］ Gene Grossman and Alan Krueger. Environmental Impacts of a North American Free Trade Agreement. No 3914, NBER Working Papers from National Bureau of Economic Research, Inc, 1991.

［298］ G. D. A. MacDougall. The benefits and costs of private investment from abroad: a theoretical approach ［J］. Economic Record, 1960 (36).

［299］ Globerman, S. and D. Shapiro. Global Foreign Direct Investment Flows: The Role of Governance Infrastructure ［J］. World Development, 2002, 30 (11).

［300］ Gopinath M, Pock D, Vasavada U. Economics of Foreign Dircet Investment and Trade Application to the U. S. Food Processing Industry ［J］. American Jouranl of Agricultural Economics, 1999, 81 (2): 442 –452.

［301］ Grossman G M, Krueger A. B. Environmental Impacts of a North American Free Trade Agreement ［M］ //Cambrideg: MIT Prss, 1991.

［302］ Habib, M. and Zurawicki, L. Corruption and Foreign Direct Investment ［J］. Journal of International Business Studies, 2002, 33 (2): 291 –307.

［303］ Greif, A. , Tabellini, G. The Clan and the City: Sustaining Cooperation in China and Europe ［J］. Journal of Comparative Economics. 2017, 45 (1): 1 –35.

［304］ Guy L. F. Holburn and Bennet A. Zelner. Political capabilities, policy risk, and international investment strategy: evidence from the global electric power generation industry ［J］. Strategic Management Journal, 2010, 31 (12): 1290 –1315.

［305］ Hamida, L. B. , Gugler, P. Are There Demonstration – Related Spillovers From FDI? Evidence From Switzerland ［J］. International Business Review, 2009, 18 (5): 494 –508.

［306］ Hanna Kokko. Modelling for Field Biologists and Other Interesting People ［J］. International Statistical Review, 2007, 75 (3).

[307] Hans Strasburger, Lewis 0. Harvey, JR, Ingo Rentschler. Contrast thresholds for identification of numeric characters in direct and eccentric view. Perception & Psychophysics, 1991, 49 (6): 495 – 508.

[308] Hallw and Driemeier, M. "Do Bilateral Investment Treaties Attract FDI? Only a Bit and They Could Bite", World Bank Working Paper, No. 3121, 2003.

[309] Haskel, J., Pereira, S., Slaughter, M. Does Inward FDI Boost the Productivity of Domestic Firms. CEPR Discussion Paper, No. 3384, 2002.

[310] Hermes, N., & Lensink, R. Foreign direct investment, financial development and economic growth [J]. The Journal of Development Studies, 2003, 40 (1): 142 – 163.

[311] Herzer D. Outward FDI and economic growth [J]. Journal of Economic Studies, 2010, 37 (5): 476 – 494.

[312] Hines, J. "Forbidden Payment: Foreign Bribery and American Business After 1977," NBER Working Paper No. 5266, 1995.

[313] Hitt M. A., Dacin M. T., Levitas E., Arregle J. L., Borza A. Partner Selection in Emerging and Developed Market Contexts: Resource – Based and Organizational Learning Perspectives [J]. Academy of Management Journal, 2000, 43 (3): 449 – 467.

[314] Raymond Vernon International Investment and International Trade in the Product Cycle [J]. Quarterly of Economics, May 1966.

[315] Inzelt, A. The Inflow of Highly Skilled Workers into Hungary: a By – Product of FDI [J]. The Journal of Technology Transfer, 2008, 33 (4): 422 – 438.

[316] James P. Johnson and Tomasz Lenartowicz. Culture, freedom and economic growth: Do cultural values explain economic growth? [J]. Journal of World Business, 1998, 33 (4): 332 – 356.

［317］ J. Bradford De Long and Lawrence Summers. Fiscal Policy in a Depressed Economy. Brookings Papers on Economic Activity, 2012, 43 (1): 233 –297.

［318］ J. Bradford De Long and Lawrence Summers. Equipment Investment and Economic Growth ［J］. The Quarterly Journal of Economics, 1991, 106 (2): 445 –502.

［319］ Jeannine Bailliu. Private Capital Flows, Financial Development, and Economic Growth in Developing Countries. Staff Working Papers from Bank of Canada, 2000.

［320］ Jeffrey A. Frankel. The Environment and Globalization. Working Paper 10090, Columbia University Press, 2003: 129 – 169.

［321］ Jonathan Haskel, Sonia C. Pereira and Matthew J. Slaughter. Does Inward Foreign Direct Investment Boost the Productivity of Domestic Firms? ［J］. The Review of Economics and Statistics, 2007, 89 (3): 482 – 496.

［322］ John Kemp, "China's Silk Road Challenges U. S. Dominance in Asia," Reuters, November 10, 2014.

［323］ John Maynard Keynes. Harcourt. The General Theory of Employment, Interest and Money.

［324］ Josep Carrion – i – Silvestre, Tomás del Barrio – Castro and Enrique Lopez – Bazo. Breaking the panels: An application to the GDP per capita ［J］. Econometrics Journal, 2005, 8 (2): 159 – 175.

［325］ Kang Y. F. , Jiang F. M. FDI Location Choice of Chinese Multinationals in East and Southeast Asia: Traditional Economic Factors and Institutional Perspective ［J］. Journal of World Business, 2012 (47): 45 –53.

［326］ Kaufman, S. B. Intelligence and the cognitive unconscious. The Cambridge handbook of intelligence, 2011.

［327］ Keynes. The General Theory of Employment, Interest, and

Money [J]. Open Access Library Journal, 1936, 4 (8).

[328] Keller, W. The Geography and Channels of Diffusion at the World's Technology. NBER working paper, No. 8150, 2001.

[329] Kindleberger, C. P. American Business Abroad: Six Lectures on Direct Investment, New Haven, Comn.: Yale u. p., 1969.

[330] Knack, S. and Azfar O.. Trade Intensity, Country Size and Corruption [J]. Economics of Governance, 2003, 4: 1 – 18.

[331] Kogut, B. and S. J. Chang. Technological Capabilities and Japanese Direct Investment in the United States [J]. Review of Economics and Statistics, 1991, 73: 401 – 413.

[332] Kolstad., I. and Wiig. A., "What Determines Chinese Outward FDI," CMI Working Papers, WP: 3, 2010.

[333] Lant Pritchett and Lawrence Summers. Wealthier is Healthier [J]. Journal of Human Resources, 1996, 31 (4): 841 – 868.

[334] Lall S. Streeton P, Foreign Investment, Transnational and Developing Countries, London: Malmillell, 1997.

[335] Leonard K Cheng. Three questions on China's "Belt and Road Initiative" [J]. China Economic Review, 2016, 23 (4): 309 – 313.

[336] L. F. Holburn and Bennet A. Zelner Political capabilities, policy risk, and international investment strategy: evidence from the global electric power generation industry Guy [J]. Strategic Management Journal, 2010, 31 (12): 1290 – 1315.

[337] López, J. C., Ruiz, F. J., Feder, J., Barbero – Rubio, A., Suárez – Aguirre, J., Rodríguez, J. A., & Luciano, C. The role of experiential avoidance in the performance on a high cognitive demand task [J]. International Journal of Psychology and Psychological Therapy, 2010 (10): 475 – 488.

[338] Luo Y., Xue Q., Han B.. How Emerging Market Governments

Promote Outward FDI: Experience from China [J]. Journal of World Business, 2010, 45 (1): 68 –79.

[339] Marc Melitz and Gianmarco Ottaviano. Market Size, Trade, and Productivity [J]. The Review of Economic Studies, 2008, 75 (1): 295 –316.

[340] Marcella Nicolini and Laura Resmini. FDI spillovers in new EU member states [J]. The Economics of Transition, 2010, 18 (3): 487 –511.

[341] Magnus Blomstrom, Robert Lipsey and Mario Zejan. "What Explains Developing Country Growth?" No 4132, NBER Working Papers from National Bureau of Economic Research, Inc.

[342] Magnus Blomstrom and Ari Kokko, The Economics of Foreign Direct Investment Incentives. No 9489, NBER Working Papers from National Bureau of Economic Research, Inc.

[343] Manuel Denzer, "Estimating Causal Effects in Binary Response Models with Binary Endogenous Explanatory Variables – A Comparison of Possible Estimators". Working Papers from Gutenberg School of Management and Economics, No. 1916.

[344] Mehmet Caner, Bruce E. Hansen. Instrumental Variable Estimation of A Threshold Model [J]. Econometric Theory, 2004 (20): 813 –843.

[345] Melitz, M. The Impact of Trade on Intra – Industry Real locations and Aggregate ndustry Productivity [J]. Econometric, 2003, 71 (6): 1695 –1725.

[346] Meyer K., Estrin S., Bhaumik S., Peng M. W.. Institutions, Resources and New Strategies in Emerging Economies [J]. Strategic Management Journal, 2009 (30): 61 –80.

[347] Michael Kremer. Population Growth and Technological Change: One Million B. C. to 1990 [J]. The Quarterly Journal of Economics, 1993, 108 (3): 681 –716.

[348] Mitsui, K., Murata, A. Changes in the properties of light-irra-

diated wood with heat treatment: Part 3. Monitoring by DRIFT spectroscopy. European Journal of Wood and Wood Products, 2004 (62): 164 – 168.

[349] Mold, A. the Fallout from the Financial Crisis (4): Implications for FDI to Developing Countries. OECD Development Centre Policy Insights, NO. 86, 2008.

[350] Mork, R. , B. Yeung and M. Zhao. Perspectives on China's outward foreign direct investment [J]. Journal of International Business Studies, 2008 (39): 37 – 350.

[351] Neumayer, E. and L. Spess. Do Bilateral Investment Treaties Increase Foreign Direct Investment to Developing Countries? [J]. World Development, 2005, 33 (10): 1567 – 1585.

[352] Niels Hermes and Robert Lensink. Foreign direct investment, financial development and economic growth [J]. Journal of Development Studies, 2003, 40 (1): 142 – 163.

[353] Nigel Pain and Katharine Wakelin. Export Performance and the Role of Foreign Direct Investment. The Manchester School of Economic & Social Studies, 1998, 66 (10): 62 – 88.

[354] Patrice Rélouendé Zidouemba. Foreign Direct Investment and Total Factor Productivity: Is There Any Resource Curse? Koffi Elitcha. Modern Economy, 2018, 9 (3): 3 – 26.

[355] Paul Romer. Increasing Returns and Long-run Growth [J]. Journal of Political Econmoy, 1986, 94 (5): 1002 – 1037.

[356] Peng M. W. Towards an Institution – Based View of Business Strategy [J]. Asia Pacific Journal of Management, 2002, 19 (2): 251 – 267.

[357] Peter J Buckley, L Jeremy Clegg, Adam R Cross, Xin Liu, Hinrich Voss and Ping Zheng. The determinants of Chinese outward foreign direct investment [J]. Journal of International Business Studies, 2007, 38 (4): 499 – 518.

[358] Philippe Aghion and Peter Howitt. A Model of Growth through Creative Destruction [J]. Econometrica, 1992, 60 (2): 323 – 351.

[359] Reisen, H. Managing Temporary Capital Inflows: Lessons from Asia and Latin America [J]. The Pakistan Development Review, 1995, 34: 395 – 427.

[360] Rene Belderbos and Leo Sleuwaegen. Japanese Firms and the Decision to Invest Abroad: Business Groups and Regional Core Networks [J]. The Review of Economics and Statistics, 1996, 78 (2): 214 – 220.

[361] Richard Blundell and Stephen Bond. Initial conditions and moment restrictions in dynamic panel data models [J]. Journal of Econometrics, 1998, 87 (1): 115 – 143.

[362] Richard Perkins & Eric Neumayer. Transnational linkages and the spillover of environment-efficiency into developing countries [J]. Global Environmental Change, 2009, 19 (3): 375 – 383.

[363] Robert Barro. Economic Growth in a Cross Section of Countries [J]. The Quarterly Journal of Economics, 1991, 106 (2): 407 – 443.

[364] Robert Barro. Human Capital and Growth [J]. American Economic Review, 2001, 91 (2): 12 – 17.

[365] Rodrik, D. , Subramanian, A. & Trebbi, F. Institutions Rule: The Primacy of Institutions Over Geography and Integration in Economic Development [J]. Journal of Economic Growth, 2004 (9): 131 – 165.

[366] Rodolphe Desbordes and Vincent Vicard. Foreign direct investment and bilateral investment treaties: An international political perspective [J]. Journal of Comparative Economics, 2009, 37 (3): 372 – 386.

[367] Romer, Lucas, etc. Increasing Returns and Long – Run Growth [J]. Journal of Political Economy, 1986, 94 (5): 1002 – 1037.

[368] Sanfilippo, M. . Chinese FDI to Africa: What Is the Nexus with Foreign Economic Cooperation? [J]. African Development Review, 2010,

22 (S1): 599 - 614.

[369] Savvides, A. and Zachariadis, M. International technology diffusion and the growth of TFP in the manufacturing sector of developing economies [J]. Review of Development Economics, 2005, 9 (4): 482 - 501.

[370] Stephen Knack and Philip Keefer. Institutions and economic performance: cross-country tests using alternative institutional measures: Economics and Politics, 1995, 7 (3): 207 - 227.

[371] Stephen. H. Hymerr, The international operations of national firms, a study of direct foreign investment. Massachusetts Institute of Technology, 1960 (6): 195 - 197.

[372] Stephen. H. Hymerr. International Operations of National Firms: A Study of Direct Foreign Investment, 1976.

[373] Shannon Tiezzi. The New Silk Road: China's Marshall Plan? Nov 06, 2014.

[374] Solow, R. M.. Contribution to the Theory of Economic Growth [J]. Quarterly Journal of Economics, 1956 (70): 65 - 94.

[375] Swenson D. L. Foreign Investment and the Mediation of Trade Flows [J]. Review of International Economics, 2004 (12): 609 - 629.

[376] Tolentino, P. E.. Home country macroeconomic factors and outward FDI of China and India [J]. Journal of International Management, 2010, 16 (1): 102 - 120.

[377] Todaro, M. P. Economic Develpoment in the Third World, 4th Ed. London and New York: Longman, 1991.

[378] Ulrich Wagner and Christopher Timmins. Agglomeration Effects in Foreign Direct Investment and the Pollution Haven Hypothesis, No. 10 - 05, Working Papers from Duke University, Department of Economics, 2004.

[379] Vernon, R. International Investment and International Trade in the Product Cycle [J]. Quarterly Journal of Economics, 1996, (80): 190 - 207.

[380] Voss, H. , P. J. Buckley and A. R. Cross. The impact of home country institutional effects on the internationalization strategy of Chinese firms [J]. Multinational Business Review, 2010, 18 (3): 25 –48.

[381] Vudayagiri Balasubramanyam, M Salisu and David. Foreign Direct Investment and Growth in EP and IS Countries [J]. Sapsford Economic Journal, 1996, 106 (434): 92 –105.

[382] Witt M. A. , Lewin A. Y. Outward Foreign Direct Investment as Escape Response to Home Country Institutional Constraints [J]. Journal of International Business Studies, 2007 (38): 579 –594.

[383] W. N. w Azman –Saini, Ahmad Zubaidi Baharumshah and Siong Hook Law Economic Modelling. Foreign direct investment, economic freedom and economic growth: International evidence, 2010, 27 (5): 1079 –1089.

[384] Wolfgang Keller and Stephen Yeaple No 2003 –06, Working Papers from Brown University, Department of Economics, 2003.

[385] Xu, B. Multinational Enterprises, Technology Diffusion, and Host Country Productivity Growth [J]. Journal of Development Economics, 2000, 62 (2): 477 –493.

[386] Xu D. , Shenkar O. . Institutional Distance and the Multinational Enterprise [J]. The Academy of Management Review, 2002, 27 (4): 608 – 618.

[387] Yann Duval and Chorthip Utoktham. Impact of Trade Facilitation on Foreign Direct Investment. Trade and Investment Working Paper Series, 2014.

[388] Yuqing Xing and Charles Kolstad. Do Lax Environmental Regulations Attract Foreign Investment? [J]. Environmental & Resource Economics, 2002, 21 (1): 1 –22.

[389] Zvi Griliches. Issues in Assessing the Contribution of Research and Development to Productivity Growth [J]. Bell Journal of Economics, 1979, 10 (1): 92 –116.